ÖSTERREICHS HEIMLICHE HAUPTSTÄDTE

MARTIN HAIDINGER

ÖSTERREICHS HEIMLICHE HAUPTSTÄDTE

Flair und Mythos der bedeutenden k. u. k. Metropolen

METROVERLAG

Ich bedanke mich bei Paul Mahringer,
Tanja Malle und Raimund Lang.

DAS KERNLAND

Aufgepasst, gleich zu Beginn wird's problematisch, denn darf man das heutige Ober- und Niederösterreich und gar den „Wasserkopf Wien" als „Kern" bezeichnen, ohne als zentristischer Egoist zu gelten? Ich wage es einfach, denn abgesehen davon, dass Wien schon 1156 Residenzstadt Heinrich Jasomirgotts im soeben erst zum Herzogtum erhobenen Österreich wurde, gestehe ich, Wiener zu sein und dass diese Heimatstadt mein persönlicher Mittelpunkt ist. Österreich allerdings ist viel mehr, denn ein Kern allein ist auch nicht viel mehr als ein Objekt, an dem man bestenfalls ein bisschen herumkauen kann. Für eine ganze Frucht hingegen braucht's Fleisch und Schale. Außerdem verweilen wir nicht lange dort …

AUFBRUCH AUS WIEN

Es war eine alltägliche Situation im Leben eines Journalisten. Gerade hatte ich mit einem gescheiten Professor aus den USA ein Interview zu einem interessanten Thema geführt, saß anschließend mit ihm und seiner Frau im Foyer des Hotels „König von Ungarn“ in der Wiener Innenstadt und machte das, was viele Nordamerikaner so faszinierend gut können und so enervierend gerne tun: dem Small Talk frönen. Das Ehepaar weilte anlässlich eines Kongresses zum ersten Mal in Wien, und die Frau Gemahlin wollte die verbleibende Zeit nützen, um die Stadt zu erkunden. Nicht ohne Stolz gab die Mittfünfzigerin zum Besten, welch spannende Informationen sie ihrem Reiseführer entnommen hatte.

Gleich hier um die Ecke, dozierte sie, wären anno ’45 die sowjetrussischen (!) Bombenflieger über die Wienerstadt hergefallen und hätten alles niedergelegt – ehe dann später die rettenden Westmächte nachgerückt seien und angesichts der Trümmer die Hände über dem Kopf zusammengeschlagen hätten – nein, diese Russen! Und, so fügte die US-Lady noch hinzu, sie habe auch mahnende Worte gelesen, dass sie beim Schlendern durch die Straßen besser den Blick senken solle, denn österreichische Männer würden direkten Augenkontakt mit einer Frau als unmittelbare Aufforderung zum sofortigen Geschlechtsverkehr auffassen!

Nun kam ich doch ein wenig ins Grübeln. Konnte Letzteres im Verlag dieses famosen Reiseführers bei Nachsicht aller Taxen noch versehentlich vom „Saudi-

Arabia"-File in die „Austria"-Rubrik gerutscht sein, so schien der „Bombenerfolg" der US-Airforce am 12. März 1945 über Wien doch ein wenig zu bewusst unterschlagen worden zu sein. Warum denn wohl …? Ich krallte mir unauffällig das Büchlein aus den Händen der so perfide uninformierten Professorengattin, achtete penibel darauf, ihr nicht direkt in die Augen zu schauen, und blätterte ein wenig herum. Was Wunder, dass in diesem überseeischen Dokument reiseliterarischer Inferiorität noch Unmengen an Blödsinn standen. Neben der packenden Schilderung von Romy Schneiders ehelicher Aktivität an der Seite Kaiser Franz Josephs und der Beschreibung der typischen Lederhosentracht der Wiener Bürger fand sich dennoch wenigstens eine valide Information: **Wien**, so stand gleich auf einer der ersten Seiten geschrieben, **ist die Hauptstadt Österreichs**. Halleluja, endlich etwas Zutreffendes!

Aber stimmt es auch wirklich in vollem Umfang …? Immerhin ist Washington, D. C. ja auch offiziell die Hauptstadt der USA, aber die Bewohner New Yorks oder die aus Kalifornien werden, nur weil das Weiße Haus dort steht, gewiss nicht den Schluss ziehen, dass die Wall Street oder Hollywood Ausgeburten tiefster Provinz sind.

Wenn man die gesamte österreichische Geschichte betrachtet, ist es schon gar ein Wechselspiel vieler Städte und auch kleinerer Orte, die zu manchen Zeiten Wien an Bedeutung ausstachen oder ihm zuvorkamen. Und einige von ihnen sind heute, nahezu hundert Jahre nach dem

Untergang des alten Reiches, mindestens so „österreichisch" wie Wien, ohne sie etwa unter dem Blickwinkel eines rückwärtsgewandten Kolonialdenkens, eines Austro-Chauvinismus betrachten zu wollen. Das kann ich als Journalist, der in den bald 25 Jahren in Mittel- und Osteuropa einiges erlebt hat, aus eigener Erfahrung bestätigen.

Vor allem in den 90er-Jahren, unmittelbar nach der Wende und dem Fall des Eisernen Vorhangs, taten sich tolle Zeitfenster auf. Da sind regelrechte Fahrten in die Vergangenheit gelungen, spannende Bekanntschaften gemacht und auch Freundschaften geschlossen worden. Zeit wird's, einige davon auch literarisch zu verewigen, kreuzdurcheinander, wie sie mir gerade einfallen, und angereichert durch die Bemerkungen und Beobachtungen von Kolleginnen und Kollegen aus dem Journalismus.

Einige Städte mögen eine Überraschung und breiter gewürdigt sein, bei anderen wiederum kann ein großer Bekanntheitsgrad vorausgesetzt werden, weshalb ich ihr Bild nur um einige Facetten bereichern will. Natürlich kommen nicht alle vor, weil das ein bisschen zu üppige Kost wäre, aber Olmütz, Klagenfurt, Fussach, Pola, Salzburg, Karlsbad, Triest, Eisenstadt, Bregenz, St. Pölten, Steyr, Villach und all die anderen heimlichen Hauptstädte werde ich noch bei späteren Gelegenheiten zu beschreiben wissen. Na, dann mach ich mich mal auf den Weg …

„Sorry, Ma'am", seufzte ich und gab der Dame aus den USA ihren Reiseführer zurück, „nicht einmal dieser eine Satz stimmt."

OSTARRICHI – UND WAS DARAUS WURDE

Nun erschrecken Sie nicht gleich, es kommen Herrschaften aus dem Mittelalter auf Sie zu und auch ein paar antike Jahreszahlen, unter denen Sie sich vielleicht zu Beginn nicht viel vorstellen können, aber das wird sich nach und nach ändern, wenn Sie meine Hand nehmen und sich gemeinsam mit mir auf den Weg machen.

Rund um die Babenberger

Als der elsässische Mönch Otfrid von Weißenburg kurz nach der Mitte des 9. Jahrhunderts nach Christus sein Evangelienbuch verfasste, widmete er es dem ostfränkischen König Ludwig dem Deutschen. Auf Latein hießen dessen Herrschaftsgebiete „orientalia regna", also „östliche Reiche", doch Otfrid beließ es nicht dabei und fügte noch eine rheinfränkische Übersetzung hinzu: „Ostarrichi al", was soviel wie das gesamte Ostreich bezeichnete. In diesem staatlichen Vorfahren Deutschlands war Bayern der südöstliche Ausläufer, und dessen Ostteil wiederum, nach altrömischer Weise Pannonien genannt, ging um das Jahr 900 an die Ungarn verloren. 976 verlor Bayern dann auch noch das zum Herzogtum erhobene Karantanien, also Alt-Kärnten, und so blieb vom einstigen bayerischen Ostland nur mehr der schmale Streifen zwischen der Donau und den Kalkalpen, der Grenze zu Karantanien. Und diese bayerische Mark war auch in der berühmten Urkunde vom 1. November 996 gemeint, in der Kaiser Otto III. zum ersten Mal „Ostarrichi“ erwähnte. Der erste „österreichische“ Ort, der darin als Besitz des Hochstifts Freising genannt wird, ist **Neuhofen an der Ybbs**; somit in einem gewissen Sinn die erste heimliche Hauptstadt im Blitzlicht …

Das Land regierte schon seit 20 Jahren das Geschlecht der Babenberger, das sich weltmännisch gab und seine Herrschaft – für alle Gebildeten der Zeit auf Latein gut verständlich – ab der Mitte des 12. Jahrhunderts „Austria“ nannte. 984 nahm der erste Babenberger Herzog Leopold Melk den Ungarn ab, 1156 wurde die Mark Österreich endgültig vom Herzogtum Baiern abgetrennt und selbst zum Herzogtum erhoben. Die Nachfolger der Babenberger, die Habsburger, wurden schließlich ab dem Spätmittelalter als „Haus Österreich“ bezeichnet, womit sich Österreich zum Namen einer Familie wandelte und auf ihre Ländereien überging – unabhängig von Herkunft oder Nationalität der Menschen, die sie bewohnten. Das ist der Grund für den übernationalen Charakter des „Österreichischen“. Kein polyglotter, aus heutiger Sicht vielleicht progressiver Edelgedanke lag ihm zugrunde, sondern schlicht und einfach eine wohl notwendige Sammelbezeichnung für das sonst nicht einheitlich definierbare Herrschaftsgebiet, das die Habsburger durch Erben, Kriegführen und Heiraten erhamsterten. Daraus entstanden aber auch viele Brennpunkte, wenn man so will „Hauptstädte Österreichs“, die oft nur für einen Wimpernschlag der Geschichte, manchmal aber auch über mehrere Jahrhunderte die Geschicke des großen, ganzen Österreich vorantrieben.

Vor allem die Wachau (ein Name, der älter ist als

„Ostarrichi"!) wurde Dank des Donaustroms zu einer wichtigen internationalen Handelsgegend, deren klösterliche Hauptorte **Melk** und **Göttweig** bald nicht mehr zur Verköstigung und Beherbergung durchziehender Händler und Kreuzfahrer (also gewissermaßen früher Wachau-Touristen) ausreichten. So entstand **Krems,** von dessen großer Bedeutung für den Handel um 1150 sogar der arabische Geograf Idrisi schwärmt. Wer einmal die bis heute noch immer rätselumwobene Gozzoburg in der Kremser Altstadt besichtigt hat, kann ermessen, was hochmittelalterliche Macht und Stärke bedeutet haben! Der Stadtrichter Gozzo muss ein wahrhaft wichtiger Mann gewesen sein. Erst vor wenigen Jahren wurden in dem Stadtpalais monumentale Fresken aus dem 13. Jahrhundert entdeckt. Wenn es eine Mittelalterhauptstadt Österreichs, ja des südlichen Mitteleuropas überhaupt gibt, dann Krems!

Stift Melk

Stift Göttweig

Die Gozzoburg

Nibelungentreue und das Gemetzel mit dem „Etzel"

Doch zurück zum Ausgangspunkt: Lange vor der Babenbergerzeit durchzogen markante Gestalten das Territorium

der alten römischen Provinz Noricum. Der Heilige Severin etwa, der im 5. Jahrhundert während des Niedergangs der Provinz von Passau bis Carnuntum (beim heutigen Petronell) wirkte und missionierte und dessen Auftreten in **Klosterneuburg, Tulln, Mautern, Kuchl** und **Salzburg** beschrieben wird.

Weitaus sagenhafter waren die Figuren des „Nibelungenliedes", in dessen Aventiuren sich nicht nur der Untergang der Burgunder spiegelt, sondern auch die den Hunnen gleichgesetzten wilden Magyaren vorkommen, die 907 bei Preßburg ein bairisches Heer vernichten und der Karolingischen Mark ein Ende setzen. Im Buch zum Krieg, der

„Nibelungensaga", kommt ein Gefolgsmann des Hunnenherrschers vor, dessen Herkunftsort im Herz Ostarrichis liegt: Markgraf Rüdiger von Bechelaren, das nichts anderes als **Pöchlarn** ist, heute stolze „Nibelungenstadt" mit etwas über 4000 Einwohnern. Rüdigers

Chef ist der von Hunnenkönig Attila inspirierte „Etzel", und gerade an den mit ihm assoziierten „Völkern des Ostens" reagierte sich ab dem 19. Jahrhundert die „Nibelungentreue" der deutschnational Bewegten ab, deren Ideologie ins Konzert der typischen Nationalismen der Zeit passte.

1906 sprengten deutschnationale Studenten eine Operettenaufführung in Graz. Allerdings waren die „kulturkritischen" Rabauken selbst keine „Nibelungen". Vielmehr standen Figuren dieses Namens auf der Bühne und mussten sich nach dem vorzeitigen Ende der Vorstellung eiligst abschminken. Auf dem Programmzettel stand „Die lustigen Nibelungen", eine kesse Richard-Wagner-Parodie des Operettenkomponisten Oscar Straus. Die völkisch fühlende Seele der Nationalen konnte eine solch frevelhafte Schändung ihres Abgottes Richard Wagner nicht hinnehmen – und vor allem nicht die satirische Verhohnepiepelung des deutschen Nationalepos! Hier hieß es, gegen den frechen Spötter zusammenstehen. In Treue fest!

Der Begriff „Nibelungentreue" war als Schlagwort im politischen Sinn noch gar nicht geboren. Erst der deutsche Reichskanzler Bernhard von Bülow führte es 1909 in den politischen Diskurs ein, als er die bedingungslose Loyalität des Deutschen Reichs zu seinem Bündnispartner Österreich-Ungarn charakterisieren wollte. Ein nicht wirklich gelungener Vergleich, angesichts der allmählichen Einkreisung der Mittelmächte durch die Entente und in Erinnerung an das furchtbare Ende der Burgunder, die sich schützend vor Hagen von Tronje gestellt hatten und gemeinsam mit ihm gegen „Etzels" Hunnen gefallen waren; eisern und ohne zu zögern und trotz der Begehrlichkeit Kriemhilds, den verhassten Mörder ihres Mannes Siegfried ausgeliefert zu bekommen: *„Das wolle Gott verhüten", erwidert' Gernot ihr. „Und wären unser tausend aus deiner Sippe hier, wir wollten lieber sterben, als dass wir einen Mann hier als Geisel gäben: das stünde uns wohl übel an." [...] „Man findet an mir keinen, der einem Freund die Treue bricht."*

Die mittelalterliche „triuve" beschreibt die persönliche Bindung der im Lehenssystem miteinander verbundenen Herren und Vasallen. Vergleiche mit den Spartanern und anderen Kriegergesellschaften erweisen, dass die so bezeichnete keine ausschließlich deutsche Eigenschaft ist. Auch die Briten kannten im Krimkrieg ihre „Charge of the Light Brigade", und in den USA gemahnt der Spruch „Right or wrong – *my country*!" an patriotische Treue geradezu nibelungischen Ausmaßes.

Der an tönenden Hohlphrasen so reiche Erste Weltkrieg kannte Ausrufe wie „Es lebe die Nibelungentreue!" vor allem in der gebrüllten Variante, wie sie Karl Kraus in den „Letzten Tagen der Menschheit" schmerzhaft hörbar macht. Nicht zuletzt erschallen auch manch ähnliche Ausrufe in der Szene der „Vereinssitzung der ‚Cherusker' in Krems". In den Zweiten Weltkrieg rettete sich der fatale Ausdruck kaum mehr hinüber – andere Treuebekenntnisse waren an seine Stelle getreten.

Kernösterreich bot auch jenseits des eigentlichen Nibelungengaus zwischen **Ybbs** und **Melk** allerlei Projektionsflächen für völkische Fantasien. Der von brodelnden Germanenvisionen beherrschte Dichter Guido von List vergrub 1875 unter dem Heidentor von Carnuntum, der antiken römischen Hauptstadt Pannoniens, acht Weinflaschen in Form eines Hakenkreuzes. Die Gebinde hatten die vergorenen Früchte des Heimatbodens enthalten und waren von List und seinen Kumpanen zuvor pflichtbewusst geleert worden – die harmloseste, wenn auch leider nicht die einzige Äußerungsform einer Mischung aus Suff und Narretei auf österreichischem Boden ... Freundestreue mag die einzig aktuell akzeptierte Spielart der „Nibelungentreue" geblieben sein. Für militärisches Handeln und Geschehen soll die bedingungslose Gefolgschaft dagegen keine Grundlage mehr sein, wollen wir uns nicht in die Zeiten zurückbomben, da es noch das Gemetzel mit dem Etzel gab.

Die bluttriefenden Geschichten stehen im merkwürdigen Widerspruch zur lieblichen Kulturlandschaft, die das alte Ostarrichi heutzutage zur besonders friedvollen Gegend macht.

Spürt man das nicht zwischen den Zeilen des von Ernst Schandl komponierten Liedes, das er „Mein Donautal, zwischen Krems und Stein" genannt hat?

Wachau, Wachau, du Träumerin am blauen Donaustrand,
im Bergesgrün so mittendrin gleich einem Märchenland.
An deinen Hängen reift so gut, so herrlich süß und fein,
in goldig heller Sonnenglut ein edler Tropfen Wein.

Heimat, Heimat, bist so lieb, so traut,
hab' wohl selten Schöneres geschaut.
Grün die Berge und der Himmel blau,
Heimat, Heimat, herrliche Wachau.

Wohin ich blick', wohin ich schau, das ganze Tal entlang,
Ruinen stolz und altersgrau an jedem Bergeshang.
Wenn abends dann geheimnisvoll der Mond vorüberzieht,
ertönt so süß, so wundervoll gar manches alte Lied.
Heimat, Heimat, …

Hab' einstens eine Maid gekannt, war lieb und gut zu mir,
bin oft gewandert Hand in Hand am Donaustrom mit ihr.
Dies alles ist nun längst vorbei, verrauscht das holde Glück,
und dennoch denk' mit frohem Sinn ich gern daran zurück.
Heimat …

Göttliche Ruhe, scheint's beschieden – ewiger Frieden in Österreich …

WIENER NEUSTADT

„Der Rundfunksender Wien schaltet nun ab."

„Und dann ist immer der Kuckuck im Radio gekommen. Die Angst werde ich mein Leben lang nicht vergessen." Erna S., damals ein kleines Mädchen in Wiener Neustadt, erschauert noch heute, wenn sie sich an das Radio-Signal erinnert, das wie ein Kuckuck klang und den Angriff britischer oder US-amerikanischer Bomber ankündigte. „Und danach die Sirenen des Luftschutzes. Entsetzlich!" Zwei ihrer Freundinnen, mehrere Mitschüler und eine Tante sind damals in den Trümmern ihrer Häuser verschüttet worden.

Am 13. August 1943 beginnt die „Operation Juggler" der 9. US-Luftflotte. Von Tunesien aus starteten 61 Bomber Richtung Wiener Neustadt. Ihr Ziel: die Messerschmitt-Werke, ein bedeutender Rüstungsbetrieb. 185 Tote fordert dieser erste große Luftangriff auf österreichischem Boden.

Wiener Neustadt büßt bitter für seine Rüstungsindustrie, darunter eine Versuchsstation für die deutsche Aggregat 4-Rakete. In 29 Luftangriffen wird es bis Kriegsende von 55.000 Bomben zu fast 90 Prozent zerstört. 800 Menschen kommen dabei ums Leben. Es ist die am stärksten zerstörte Stadt des Zweiten Weltkriegs in Österreich, und eine der am meisten in Mitleidenschaft gezogenen des Deutschen Reiches.

Kaisergunst und Industrie als Schicksal

Mit der Südbahn fuhr ab 1841 die Industrie buchstäblich auf Schienen von Wien nach Wiener Neustadt. Mit der sogleich errichteten Lokomotivfabrik und der später aufgenommenen Automobilproduktion (Austro-Daimler 1899) kamen die Arbeiter von nah und fern, und Neustadt wurde zur zweitgrößten Stadt Niederösterreichs. Eine jahrhundertelange Durststrecke ging zu Ende – man war wieder wer! 1909 kam noch ein Flugfeld dazu. Voilà: die Technikhauptstadt Österreichs. Vormals war ihr eher beigemessen worden, eine „allzeit Getreue" zu sein. Und das kam so:

Ursprünglich war Wiener Neustadt ein unbeabsichtigtes Geschenk Englands an die Babenberger. Leopold V. konnte es sich nur mit dem Lösegeld der Engländer für

ihren König Richard Löwenherz leisten, denn der Babenberger hatte den Rivalen aus dem Kreuzzug auf kaiserliches Geheiß in Dürnstein festgesetzt, als der versuchte, ausgerechnet über Erdberg bei Wien inkognito heimzureisen. Mit 20.000 Tonnen Silber ließ sich schon was anfangen, und Leopold steckte viel davon in den Bau von Neustadt als Grenzfestung gegen die Ungarn. Das Gebiet gehörte damals noch zur Grafschaft Pitten in der Steiermark.

Die nach allen Regeln der Planungskunst angelegte neue Stadt bot bald all jenen Leibeigenen und Unfreien Zuflucht, die sich vor ihren „Besitzern", also ihren Dienst- oder Grundherren, versteckten. Nach etwas mehr als einem Jahr, sechs Wochen (dem Abstand zwischen zwei ordentlichen Gerichtsterminen) und drei Tagen in der Stadt, so wollte es das alte Gesetz des „Sachsenspiegels", war der Geflohene frei, außer der Dienstherr rückte mit sieben Zeugen an, die den „Besitz" bestätigten. Drei einzelne Tage – das war übrigens ein „Gerichtstag", und wer die „Bürgschaft" von Schiller kennt, der mag ermessen, dass sich innerhalb dieses Gerichtstages einiges an Tod oder Leben entscheiden kann …

Was Wunder, dass man das Privileg von „Jahr und Tag" auch „Stadtluft macht frei" nannte. Noch heute gilt es in vielen anderen Zusammenhängen für manche Zuzügler vom Land, die in der Anonymität der Großstadt untertauchen.

Die beste Zeit erlebte Wiener Neustadt ausgerechnet unter einem Kaiser, der als „des Reiches Erzschlafmütze" in eine wenig wohlmeinende Geschichtsschreibung eingehen sollte. Dabei war der Habsburger Friedrich III. nach Formalzahlen ein erfolgreicher Mann, der nicht nur von allen römisch-deutschen Herrschern am längsten amtierte (1440–1493), sondern auch für seine Zeit alt (73 Jahre) wurde und das Reich nach der Kaiserkrönung 1452 von Österreich aus regierte, dem er die aufwertende Bezeichnung „Erzherzogtum“ verlieh. Aber ach, der Gute hatte mit rebellischen Adeligen sonder Zahl zu tun und musste seine Zeit mit Aufbegehren im Inneren verplempern, anstatt sich mit Reichs- oder gar Weltpolitik auseinanderzusetzen!

Der mit kleinem Gefolge vorerst unstet durch die Lande ziehende Friedrich wird in der schönen Stadt Wien (noch herrscht dort als Erzherzog sein Bruder Albrecht) erst gar nicht eingelassen, ehe er nicht ihre Privilegien schriftlich bestätigt hat. Und als er schließlich da ist, ruft ihm ein Adeliger öffentlich zu, er sei der „König der Juden!“, woraufhin die versammelte Menge johlt: „Kreuziget ihn!“ Neben einem Zeichen von Antisemitismus (nur knapp 15 Jahre zuvor waren die Wiener Juden bestialisch hingemordet worden) ist es vor allem der Zug der Zeit, dass überkommene ständische Rechte des Adels mehr zählen als Kaisermacht. Von absolutem Herrschen ist da noch keine Rede, und in italienischen Städten wie Bologna kommt es noch dicker für Friedrich. Denn als er die Schulden für sich und seine Begleitung nicht bezahlen kann, behält man ihn als Pfand (eigentlich als Geisel) zurück. Tagelang schreibt er Adelsbriefe aus, nobilitiert halb Norditalien, nur um dafür an Geld für Speis, Trank und Logis zu gelangen.

Der solcherart übel Behandelte entwickelt zwei Strategien: Er suggeriert sich und anderen in seinem Wahlspruch AEIOU („Austria est imperare orbi universo") einen weltweiten Herrschaftsanspruch Österreichs, und er pflegt einen lähmenden Verhandlungsstil, der seine Gegner zermürbt und bisweilen den Anschein erweckt, als sei er selbst am grünen Tisch sanft entschlummert.

Aber hallo! Die Spötter mögen verstummen! Damit erreicht er viel – nichts weniger als die Keimzelle der tatsächlichen Weltherrschaft der Habsburger. Durch Langlebigkeit und Vertragsgeschick ersitzt und erwirbt der angebliche Schlafmützerich für seine Familie – zumindest auf dem Papier – Ungarn, Böhmen und Tirol und legt den Grundstein für viele kommende Hauptstädte Österreichs.

Mit dem unsympathischen Wien ist Friedrich jedenfalls früh fertig. Später werden ihn die Wiener in seiner Stadtburg sogar belagern, was nicht nur für ihn, sondern auch für seinen Sohn Maximilian, den „letzten Ritter", den puren Schreck auf Erden bedeutet, und vielleicht denken sich die beiden schon damals, Georg Kreisler vorwegnehmend: „Wie schön wäre Wien ohne Wiener …"

Mehr Behaglichkeit verspricht neben dem ebenfalls als brav eingestuften Graz und Linz schon Neustadt, die „allzeit Getreue", die ihm immer dann Zuflucht bietet, wenn es eng wird. Er dankt es ihr, verstärkt (ganz eigennützig) ihre Mauern, baut die Gottesleichnamskapelle aus und begründet das Zisterzienserstift Neukloster, die Kirche und das Kloster St. Peter an der Sperr und die St. Georgskapelle. Stolz darf Neustadt den Doppeladler im Stadtwappen führen. Die jüdische Gemeinde kann sich in Wiener Neustadt im Gegensatz zu Wien voll entfalten – erst der schon erwähnte in Wiener Neustadt geborene Maximilian I. wird die Juden „auf ewige Zeit" aus seiner Vaterstadt vertreiben. Dazu hatte er die Stadt erst vom Ungarnkönig Matthias Corvinus zurückerobern müssen, der sie zwei Jahre belagert und bis 1490 besetzt hatte.

Demütigungen und Katastrophen

Damit ist es auch schon wieder vorbei mit Glanz und Gloria, die kurze Blüte geht zu Ende. Maria Theresia verlegt

1751 immerhin die Militärakademie nach Neustadt, das erst seit Kurzem „Wiener" im Namen führt, um es von anderen Neustädten zu unterscheiden. Neben Türken und Kuruzzen stören ein Erdbeben im 18. und ein Großbrand im 19. Jahrhundert den Frieden. Kaiser Joseph II. nimmt der Stadt schließlich auch ihren Bischofssitz und verlegt ihn nach St. Pölten. Erst die Industrialisierung verleiht der „allzeit Getreuen" wieder herausragende Bedeutung. Heute ist Wiener Neustadt die Hauptstadt des niederösterreichischen Industrieviertels, die wichtigste Schulstadt und der dichteste Bahnknotenpunkt weit und breit. Das alles steckt in und hinter einer Stadt, von deren 3000 Gebäuden 1945 gerade einmal 18 unversehrt geblieben sind …

LINZ

„Es mueß seyn“

Zur steten Erinnerung an
Stephan Fadinger
den heldenmütigen Anführer im
Oberösterreichischen Bauernkriege.

Gestorben in Ebelsberg am 5. Juli 1626.

So lautet die Aufschrift am Fadingerplatz 5 in Linz. Sie erinnert an den unvergesslichen Helden der oberösterreichischen Bauernkriege, der vor Linz bei einem Erkundungsritt angeschossen wurde und bald darauf verstorben ist. Ein starrköpfiger Protestant, der im Dreißigjährigen Krieg seine Bauern gegen die katholische Obrigkeit führte. Ein Sinnbild oberösterreichischer Standhaftigkeit oder Sturschädel? Wie die so vieler halb sagenhafter Heldengestalten ist auch Fadingers Fama keine ungetrübte. Ist er wirklich ein großer Mann gewesen, oder hat ihn doch nur der Zufall für gerade einmal drei Monate an die Spitze der Aufständischen gestellt? Fakt ist, dass er bitter gebüßt hat, bis über seinen irdischen Tod hinaus. Nicht nur wurden seine Frau und Kinder aus dem Land gejagt, sondern auch sein Hof niedergebrannt und sein Leichnam geschändet. Seither dient die Figur Fadinger allerlei Literaten, aber auch Ideologen mehrerer Jahrhunderte dazu, sich an der katholischen Kirche abzuarbeiten und ein mystisch-mythisches

Bauerntum zu schaffen, das sicher mehr einem deutschen Ideal des 19. Jahrhunderts entsprach als den tatsächlichen Aufständischen des Jahres 1626.

Der Neue Linzer Dom und Hitlers Großmannssucht

„Wenn man so näher betrachtet die Welt,
Die ganze Schöpfung; den Wald und das Feld,
Die Ochsen zu Land und im Wasser die Fischel,
Die Christen in Linz und die Juden in Ischl, ...“

dichtete im frühen 20. Jahrhundert der Kabarettist Fritz Grünbaum in seinem Poem „Die Schöpfung“ und nahm damit nicht nur die jüdischen Kurgäste Ischls auf die Schaufel. Linz war ein Gegenbild dazu, wenn schon eine nicht wirklich christliche, so doch eine deutsch-völkisch dominierte Stadt.

Aber beginnen wir ganz langsam – tief drin im Katholischen: Linz ist die einzige Hauptstadt Österreichs mit zwei Domen, dem Alten und dem Neuen Dom oder Mariendom, der einige Besonderheiten zu bieten hat.

Der neue Dom wurde durch den Linzer Bischof Franz Joseph Rudigier (1811–1884) im Jahr 1855 als Denkmal des am 8. Dezember 1854 von Papst Pius IX.

verkündeten Dogmas der Unbefleckten Empfängnis (lat. immaculata conceptio) initiiert. Dieser zu befolgende Lehrsatz besagt, dass Maria, die Mutter Jesu, zwar auf natürliche Art und Weise von ihren Eltern Anna und Joachim gezeugt, empfangen und geboren wurde, jedoch von der Erbsünde frei blieb.

Logisch daran anschließend folgte 1950 durch Papst Pius XII. das Dogma der Auferstehung im Gegensatz zum Tod Mariens, da sie ja frei von der Erbsünde auch nicht ins Fegefeuer musste. Wörtlich heißt es: „Die Lehre, dass die seligste Jungfrau Maria im ersten Augenblick ihrer Empfängnis durch einzigartiges Gnadengeschenk und Vorrecht des allmächtigen Gottes, im Hinblick auf die Verdienste Christi Jesu, des Erlösers des Menschengeschlechts, von jedem Fehl der Erbsünde rein bewahrt blieb, ist von Gott geoffenbart und deshalb von allen Gläubigen fest und standhaft zu glauben."

Der Grundstein für das Bauwerk wurde am 1. Mai 1862 durch Bischof Rudigier mit den Worten gelegt: „Der Dombau ist ein Denkmal der Liebe zur Mutter Gottes, welche in Oberösterreich so kindlich verehrt wird." Er selbst sollte das Ende der Bautätigkeit nicht mehr erleben, die Weihe fand erst am 29. April 1924 statt, und das Hauptportal wurde erst 1934 fertiggestellt. Seine Funktion als Kathedrale bekam der Neue Dom dagegen schon 1909. Als ersten

Dombaumeister holte man sich den Diözesenbaumeister Vinzenz Statz aus der Dombauhütte in Köln. Er entwarf den Bau in neugotischen Formen. Es handelt sich um ein in seinen Dimensionen überwältigendes Zeugnis des Dogmas der unbefleckten Empfängnis und somit um die in Stein gegossene Ideologie der katholischen Kirche. Die monumentale Kathedrale mit einer Außenlänge von 130 Metern und einer Turmhöhe von 134,8 Metern war damals der größte Kirchenbau Österreichs und der größte Mariendom der Welt, mit einem Fassungsraum von 20.000 Personen!

Er ist aber auch ein Meisterwerk der Neugotik in Österreich und mit seiner Ausstattung ein Gesamtkunstwerk des Historismus. Besonders bemerkenswert sind etwa die Glasfenster im Inneren, die mit ihrem Zyklus der Geschichte des Landes Oberösterreich in Verbindung mit der Heilsgeschichte auch dazu beitragen sollten, sie zu einem nationalen Denkmal zu machen! Viele Fenster stammen aus der Tiroler Glaswerkstatt, wobei gerade bei den Fenstern mit historischen Darstellungen auf Fotografien zurückgegriffen wurde. Bei der Darstellung des Kaiserfensters mit der kaiserlichen Familie etwa sind neben Skizzen auch Fotografien im Archiv der Tiroler Glasmalereianstalt erhalten, die zeigen, wie Mitglieder des Kaiserhauses für die Darstellung des Fensters im Linzer Dom posieren. Interessanterweise haben sich diese Fotografien, die eigentlich wieder zurückgeschickt werden sollten, bis heute erhalten …

Der Mariendom ist übrigens in seinem Fassungsvermögen heute immer noch der größte Kirchenbau Österreichs. Höher als der Stephansdom durfte er aber nicht aufragen.

Mit seinen 134,8 Metern ist er rund zwei Meter niedriger als der große Bruder in Wien.

Linz ist aber nicht nur die Stadt mit der raumgrößten Kathedrale Österreichs, auf ihr ruht auch der Schatten der Geschichte als ehemalige „Führerstadt“, die einzige auf österreichischem Gebiet, als „Patenstadt“ Adolf Hitlers. Laut seinem Jugendfreund August Kubizek soll sich Hitler über die Baubeschränkung der Turmhöhe sehr geärgert haben. In seinen megalomanen Neubauplänen für Linz als „Führerstadt“ – man denke an eines der letzten Fotos Adolf Hitlers im Führerbunker vor dem Modell der Stadt Linz – jedenfalls wollte er dieses alte Unrecht an der Linzer Bevölkerung wiedergutmachen. Ein geplanter Turm an der Donau sollte zwar kleiner sein als der Ulmer Münster, mit seinen 160 Metern jedoch deutlich über der Höhe des Stephansturms liegen. Die Pläne zu einem Kulturzentrum mit Oper und „Führermuseum“ sind hinlänglich bekannt – zu ihm sollte eine Prachtstraße führen, breiter als die Wiener Ringstraße. Von all diesen Fantasien wurde kaum etwas verwirklicht. Was blieb, sind die zahlreichen Wohnbauten, in der Bevölkerung bis heute „Hitlerbauten“ genannt, und natürlich die ehemaligen „Hermann-Göring-Werke“, die VOEST Linz, die eine nicht unbedeutende Fläche der Stadt einnimmt.

Das graue Industrie-Image ist Linz dank einer konzentrierten Öko-Politik zur Verbesserung der Luftqualität längst losgeworden – vor allem für jene, die der Stadt einen Besuch abstatten und sich an ihrer Lebensqualität und ihrem Kulturangebot erfreuen.

BAD ISCHL

Die Präsenz Kaiser Franz Josephs, der jahrzehntelang zur

Sommerfrische in Ischl weilte, schuf an dem Salinen- und Kurort im Salzkammergut die einzigartige Atmosphäre einer höfischen Gesellschaft in Lederhosen! Schließlich sollen Franz Joseph und sein Bruder Karl Ludwig ja auch im günstigen Ischler Klima gezeugt worden sein – ein Geheimnis, dessen Umstände in Wahrheit nur die Mutter, Erzherzogin Sophie, kannte …

Dass aber Ischl auch noch lange danach im Zentralnervensystem eines Österreichertums, geradezu Herzmanovsky'schen Austriakentums lag und liegt, durfte ich 1994 lustvoll am eigenen Leib erfahren …

„Seine Kaiserliche Hoheit lassen bitten"

Irgendwie hatte ich mir ein Asthma-Leiden zugezogen: Allergie, Zigarrenrauch und Unvernunft – alles das mochte zusammengespielt haben, dass ich schon in jungen Jahren bisweilen wie ein kaputter Blasebalg aus dem letzten Loch pfiff und auf Luftkur geschickt wurde. Als ich in Bad Ischl ankam, führte mich mein zweiter Weg in die erste Bar am Platz, das „k. u. k. Hofbeisl", in dem ich mir selbst zuprostete und mir einen guten Aufenthalt wünschte. Es wurde spät, und neben mir am Tresen lehnte ein Mann in den Vierzigern, der ein helles Sakko aus Jägerleinen und eine dicke Brille trug. Nach einiger Zeit stillen Nebeneinandertrinkens lachte er mich freundlich an. „Sie sind aba nicht aus Ischl, gell?“, fragte er. Nein, ich sei nicht aus Ischl, bekräftigte ich. „Wo sind S’ denn her?“ Aus Wien. „Ah ja, sehr schön, sehr intressant. Wie g’fallts Ihnen denn bei uns?“ Und so entspann sich eine Unterhaltung mit dem eigenwilligen Herrn, der so wie ich bereits ein wenig angeheitert war, die nach einigen Minuten in der Frage gipfelte: „Wie war der Name?“ Haidinger, stellte ich mich vor. „Sehr angenehm“, gab mein Gesprächspartner zurück. „Habsburg mein Name, … Lothringen.“ – ??? – Ehe ich genauer nachfragen konnte, schickte sich der Mann an zu gehen und sagte mir zum Abschied noch: „Kommen S’ mich doch amal besuchen, wissen eh, wo ich wohn!“

Damit wies er mit dem Daumen in Richtung der Kaiservilla, die nicht nur ein Tourismusmagnet, sondern auch heute noch im Besitz der Familie Habsburg ist.

Irgendwie ließ mir die Begegnung keine Ruhe, und tags darauf ging ich tatsächlich zur Kaiservilla, entrichtete das Eintrittsgeld und schlenderte den Kiesweg hinauf zu jenem Gebäude, das der gute alte Kaiser Franz Joseph als er noch nicht ganz so alt war, seiner liebenden Gattin zum Geschenk ausgebaut hatte. Trotz Mengen von Touristen sah ich ihn dann gleich: Am Haupteingang der Villa stand er – mein neuer Freund vom vorigen Abend. Im Jägerleinen, diesmal mit Krawatte, blinzelte er mir kurzsichtig entgegen. Tatsächlich, er war’s! Dennoch war ich noch nicht restlos überzeugt. Es konnte sich ja immerhin auch um den Hausmeister der Kaiservilla han-

deln, der sich als Illumination des eigenen Herrn gehalten hatte. „Ah ja, sehr nett, dass Sie kommen!“, sagte er nun, streckte mir die Hand entgegen und wunderte sich kein bisschen, dass ich wirklich seiner Einladung gefolgt war. Vielmehr schien er geradezu auf mich gewartet zu haben, denn er hatte Zeit und bot mir eine Sonderführung durch Haus und Garten, besser gesagt durch Schloss und Park seines bescheidenen Anwesens an.

„Ham s' am End unten Eintritt gezahlt?“, fragte er mich besorgt. Und als ich bejahte, tätschelte er meinen Unterarm und meinte: „Das hätt's nicht gebraucht, aber *danke*!“

Erst als die Kassierin am Eintrittskartenschalter meinen Gastgeber mit „Kaiserliche Hoheit“ ansprach, war ich endlich überzeugt: Es handelte sich in der Tat um Erzherzog Markus Salvator, einen direkten Nachfahren Kaiser Franz Josephs! Mit Frau und Kindern bewohnte er einen Flügel der Kaiservilla. Während wir durch den Park schlenderten, schilderte er mir nicht nur überaus humorvoll die Geschichte seines Hauses, sondern riss auch noch augenzwinkernd Witze. Wissen, Bescheidenheit und Selbstironie zeichnen Markus Salvator aus, und das ist eine ganz seltene Form von Größe.

Kaiserliches Idyll an der Traun

83 seiner 86 Sommer verbrachte Kaiser Franz Joseph I. in Ischl. Im letzten verfasste er hier am 28. Juli 1914 jenes Kriegsmanifest, das zugleich den Schlussstrich unter sein Reich und die alte Welt setzte. Bis dahin jagte er mit pathologischer Lust und erlegte in 66 Jagdsommern 50.556 Tiere.

Bis 1877 brauchte er von Wien aus vier Tage mit der Kutsche, danach ging's mit der Eisenbahn ein wenig schneller. Der Hof und alle, die ihm nahe sein wollten, reisten ihm nach. Künstler wie die Komponisten Johann Strauß, Johannes Brahms und Franz Lehar oder der Schauspieler Alexander Girardi prägten das Kolorit. Jahrelang empfing der Kaiser in Ischl auch sein „Gspusi", die Wiener Hofburgschauspielerin Katharina Schratt. Eine kleine Gartentür führte von der Kaiservilla in ihre „Residenz", die Villa Felicitas.

Und obwohl sich der alte Kaiser in personam nun schon seit 100 Jahren hier nicht mehr blicken hat lassen, ist die rot regierte Stadt auch heute noch auf ihn angewiesen, wenn es gilt, die internationalen Touristenströme an die Traun zu locken.

Begonnen hat Ischl seine Karriere im 16. Jahrhundert mit Salzminen, einem Bergwerk und Salzschiffen auf der Traun, doch erst 1819 erkannte ein Salinenarzt, Joseph Götz, die Heilkraft der Ischler Solbäder.

Franz Wirer, kaiserlicher Leibarzt, verordnete dem nachwuchslosen Habsburger Erzherzog Franz Karl und seiner bayerischen Frau Sophie ebensolche, und Schwupps – die „Salzprinzen“, an erster Stelle Franz Joseph, waren geboren!

Über die Wirkung der Solbäder ist in nun schon drei Jahrhunderten enorm viel Schmalz und Kitsch verbreitet worden, und es liegt am anachronistischen Charme Ischls, dass der Ort im Salzkammergut *trotzdem* attraktiv geblieben ist. Und ein Treffpunkt der tollsten Gestalten.

Gipfeltreffen in der „Molken“

1994. Nachdenklich kehrte ich nach dem Rundgang durch den Park der Kaiservilla in mein Quartier zurück. Es hieß „San Marco“ und war das örtliche Altersheim, in das ich des günstigen Preises wegen geraten war. Stutzig hätte ich werden können, da im Prospekt der Vermerk „Kapelle im Haus“ gestanden war. Ich hatte diese Bemerkung auf die Abhaltung von Kurkonzerten und nicht auf Gottesdienste bezogen. Nun wurde ich 25-Jähriger also von geistlichen Schwestern liebevoll umsorgt. Gleich nach meiner Ankunft hatte ich das Ehepaar vom Nebenzimmer kennengelernt. Beide hoch in den 80ern waren es Hans Mühlbacher, der Erfinder der stereophonen Radioübertragung, zugleich Konzertmeister des Wiener Akademischen Orchestervereins seit 1946, und seine Frau Maria Mühlbacher, vormals Primaballerina der Wiener Staatsoper, die 1937 beim letzten Opernball der Ersten Republik die Allegorie der „Göttin Austria“ getanzt hatte. Beiden war das endgültige Glück durch ihre verdienstvollen Tätigkeiten nicht beschieden worden. Maria litt an den typischen Folgen einer Tänzerkarriere und konnte ihre kranken Knochen kaum und nur mehr unter großen Schmerzen bewegen, und Hans hatte just 1938 sein Verfahren zum Patent anmelden wollen, was ihm als Sohn einer jüdischen Mutter in Wien nicht mehr gelang. So steht sein Name zwar in den einschlägigen Lehrbüchern, doch musste er im Interesse seiner Mutter sein Wissen der deutschen Raketenentwicklung unter Wernher von Braun zur Verfügung stellen, und reich wurde er obendrein nicht.

Mit diesen reizenden Menschen wollte ich mich ohnehin anlässlich meines Geburtstags auf ein Gläschen in den Gastgarten des damals berühmten Ischler Wirtshauses „Zu Molken" setzen. Was lag näher, als den Erzherzog dazu aus seiner Villa herauszulocken? Noch während ich diesen Gedanken zu hegen begann, erreichte mich der Anruf eines alten Freundes, des Soziologen Roland Girtler. Diese famose Gestalt ist eine der schillerndsten Persönlichkeiten der österreichischen Wissenschafterszene. Als Feldforscher hat sich Girtler auf die Erkundung sogenannter „Randgruppen" der Gesellschaft spezialisiert: Huren, Zuhälter, Sandler, Landler, Bergbauern, Wilderer, Adelige, Radfahrer und Vaganten aller Art. Seit Jahren verkaufen sich seine Bücher hervorragend. Sommers weilt er in seinem Elternhaus im oberösterreichischen Spital am Pyhrn – nicht allzu weit vom Salzkammergut und von Ischl entfernt, aber doch eine nicht zu kurze Autostrecke.

Roland, sagte ich, komm doch auch zu meinem kleinen

Geburtstagstrunk in die „Molken"! „Na, i waß net!", raunzte Roland, der als fanatischer Radler eine starke Abneigung gegen Autos und deren Benützung hat. „Hearst, kumm *du* doch lieber her zu *mir*!" Nein, erwiderte ich, ich habe schon einige Leute dorthin eingeladen, es wäre doch schön … „Na wen, wen, wen?", war Roland hellhörig geworden. Na, den Erfinder des Stereoradios, die ehemalige Primaballerina der Staatsoper …" „Na seavas! Bumm, hearst, wen du aller kennst!" Ja, setzte ich noch nach, sogar einen echten Erzherzog hab ich eingeladen – extra für dich Roland, versuchte ich zu scherzen. „An Habsburger?", japste Roland, ein felsenfester 1848er-Republikaner. „Na, da kumm i net, hearst, na, na!" Aber Roland, das ist ein sehr netter Mensch, du wirst sehen, und außerdem schätzt er deine Bücher! Das zog. „Na, i waß net, ob i da wirklich hinkommen soll", jeierte es noch einmal aus dem Hörer, um schließlich in ein: „Na guat is', Meister, i kumm!" überzugehen. „Aber zwei Sachen: I kumm mit dem Radl, und i sag Herr Habsburg und nicht ‚Kaiserliche Hoheit' zu ihm." Es fiel mir leicht, beides zu akzeptieren, und als ich Markus Salvator einlud und ihm erzählte, dass auch Roland Girtler zu uns stoßen würde, war der Habsburger Feuer und Flamme.

Als es dann wenige Tage später so weit war, als der g'schneuzte und kampelte Erzherzog und der völlig verschwitzte, in eine knallbunte Radlerdress mit kanariengelben Hosen gehüllte Unterwelt-Soziologe einander im abendlichen Gastgarten zum ersten Mal gegenüberstanden, entwickelte sich folgendes Gespräch:

Ich: Darf ich bekannt machen: Herr Universitätsprofessor Doktor Roland Girtler – Herr Magister Markus Habsburg.

Habsburg: „Ja, ja, sehr erfreut, sehr nett, ja, ja, Herr Professor, sehr nett …"

Girtler (schwitzend): „**Kaiserliche Hoheit**, fühle mich geehrt, Girtler mein Name!" Vergessen also das schnöde „Herr Habsburg", der Grundstein für eine ungewöhnliche Freundschaft war gelegt.

An diesem Abend hing die ganze Molken-Belegschaft nur mehr an den Lippen dieser beiden sogar für Ischler Verhältnisse ungewöhnlich starken Charaktere, um Dialogfetzen wie die folgenden zu erlauschen:

„Da herinn im Salzkammergut, da ham die Wüderer dem Kaiser die besten Böck wegg'schossn. Recht ham's g'habt, des waren soziale Rebellen im Konflikt mit den Jagdherrn – ham eh recht ghabt, was sagn Sie, Kaiserliche Hoheit?"

„Ja, ja, sehr interessant Herr Professor, sehr nett …" oder:

„Kaiserliche Hoheit: Die Habsburger san schuld am Balkankrieg, den ma jetz haben – was sag'n Sie dazu?"

„Ja, ja, sehr nett, Herr Professor, sehr unterhaltsam …" oder diesen hier:

„Des mit der Inzucht is scho a Problem g'wesen für die Leut am Land. Die ganzen Trotteln, die da aussekummen san – furchtbar, furchtbar …"

„Ja, ja, sehr nett, Herr Professor, sehr nett …"

Als es dann spät wurde, fragte mich Roland: „Hearst, hast du a Quartier für mich?" Oh, verdammt, das hatte ich ganz vergessen! „Du bist a schener Freind, hearst, i kumm da mit'n Radl über drei Alpenpässe, und du hast net amal a Quartier für mi – a schener Freind, eine Demütigung is des, hearst!"

Noch während ich nach Gedanken und Worten rang, hörte ich eine Stimme: „Na ja, ich wüßt da vielleicht a Lösung. Ich hätt noch an Trakt frei!" – „Soll i des annehmen? Na guat is, Kaiserliche Hoheit, fühle mich geehrt!"

Und so kam es, dass zu nächtlicher Stunde zwei Gestalten den Kiesweg zur Kaiservilla emportrotteten, eine elegante dunkle und eine buntgescheckte, ein Fahrrad schiebend. Der Republikaner und Habsburg-Skeptiker Roland Girtler hatte ganz lapidar erreicht, was Generationen von Monarchisten erotische Zustände beschert hätte: Er durfte in der Kaiservilla übernachten und wurde von einem Erzherzog zum Frühstück gebeten. Und er war sich der Größe des Augenblicks auch durchaus bewusst, da er mir am nächsten Tag sagte: „Is ma a no nie passiert, hearst! Wos sogst du?"

Ich stimmte ihm zu. Und auch darin, dass es der genius loci Ischls gewesen war, der geholfen hatte, bei diesem Gipfeltreffen das sonst so eherne Naturgesetz von Zeit und Realität auszuschalten.

ZWETTL

Wie um alles in der Welt kommt gerade Zwettl in eine Betrachtung über „Österreichs heimliche Hauptstädte"?

Wer diese Frage ernsthaft stellt, war noch nie im Waldviertel. Dieses Grenzgebiet zur ehemaligen kommunistischen Tschechoslowakei markierte jahrzehntelang einen toten westlichen Winkel in der Achselhöhle des Eisernen Vorhangs. Wohl war es im Kalten Krieg still geworden dort oben, aber gerade wegen seiner ruhigen Beständigkeit ist das Gebiet eine wichtige Gegend Österreichs. Und Zwettl – behaupte ich – ist ihr Hauptort.

Ein Meer an Kultur und Natur

Traurig, traurig ... das Waldviertel ist heute leider ein Landstrich, aus dem die Menschen eher abwandern, gerade die jungen. Ein Merkmal: Die Schulen haben keinen Bedarf an Junglehrern. Das ist unfair, denn das Land ist wunderschön und wildromantisch. Deshalb heißt das slawische Wort, von dem Zwettl (seit dem Jahr 1200) kommt, auch *světlý,* was auf gut Tschechisch soviel wie „hell" bedeutet.

Trotzdem waren es keine Tschechen, die es gegründet haben, sondern das wackere Rittergeschlecht der Kuenringer, und auch das Zisterzienserstift Zwettl widerstand genauso wie die Stadt dem Ansturm der tschechischen

Hussiten ... also nein, das Stift eigentlich nicht, denn es wurde 1427 materiell geplündert – moralisch und spirituell hingegen hat es bis heute Bestand!

Die Wiener Schriftstellerin Lotte Ingrisch verortet im Waldviertel mit dem ihr eigenen magischen Blick über den tektonischen Bruchlinien der Böhmischen Platte und zwischen den großen Wackelsteinen der Waldviertler Blockheide den Geist mystischen Keltentums. Das stille Viertel mit seinen tausend Teichen und Mooren ist das Irland oder das Skandinavien Österreichs. So wie dort sollte man sich auch in der Gegend rund um Zwettl warm anziehen, denn hier ist es immer ein paar Grad kälter als im Rest von Österreich. Für Ingrisch ist es gar das „keltische Tibet“:

„Das Waldviertel war einmal ein Meer“, heißt es in ihrem Buch „Eine Reise in das Zwielichtland: Im Waldviertel und anderswo“, „und unter Tannennadeln finden wir noch immer Muscheln oder das Skelett einer Seekuh. Wie Tibet ist das Waldviertel ein von gewaltigen Störzonen durchzogener radioaktiver Granit.“

Also auch noch ein Jurassic Park?

Nun, den Zwettlosaurus wird man droben im Norden nicht finden, dafür aber ein Füllhorn an Kultur, ein Rathaus aus dem Jahr 1307, eine mittelalterliche Stadtmauer und ein paar Kilometer weiter westlich von Zwettl das Schloss Rosenau. Einer der Besitzer, Leopold Graf Schallenberg, richtete dort im 18. Jahrhundert Räume für seine Freimaurerloge ein, die heute den prächtigen barocken Rahmen für ein Freimaurermuseum bieten. Später dann besaß es Georg Ritter von Schönerer, der Urvater der All-

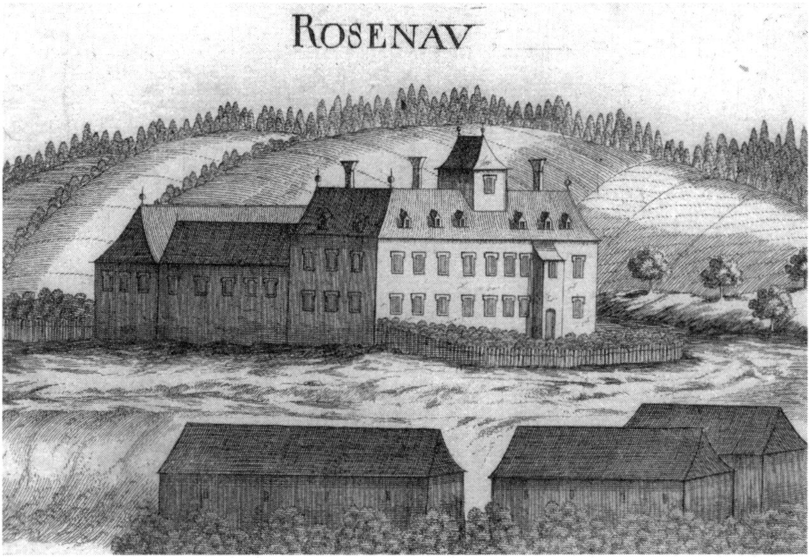

deutschen Bewegung in Österreich, der rabiater Antisemit war und ein Idol für Hitler abgab, andererseits aber im Waldviertel als Wohltäter für arme Familien nach Missernten und Frostwintern in Erinnerung geblieben ist. Heute ist die Gegend politisch tiefschwarz, im Zwettler Rathaus regiert die ÖVP mit 28 von 37 Gemeinderatsmandaten. So kann man als Besucher also auch eine Reise durch viele politische Welten unternehmen.

Freilich, das Waldviertel drängt sich dem Besucher nicht gleich auf, man muss es aktiv an sich ziehen. Noch einmal Lotte Ingrisch:

„Soll dir eine Landschaft mehr geben als ein flüchtiges Ferienerlebnis, erwartest du von ihr Geborgenheit, das

Gefühl des Angenommenseins oder sogar des Daheimseins, dann nähere dich ihr wie einem Menschen, dem du Zuneigung schenken willst und von dem du Zuneigung erhoffst. Sei offen, aber überstürze nichts, und erwarte geduldig, dass Land und Leute dir entgegenkommen."

Nebeneinander statt miteinander

Mehr als 20 Jahre nach dem Hochgehen des Eisernen Vorhangs und einige Jahre nach dem EU-Beitritt Tschechiens und der Schengen-Öffnung scheint sich im alltäglichen Zusammenleben im Grenzraum Waldviertel und Südtschechien nicht viel verändert zu haben. Das bestätigen Umfragen. „Man lebt hier ja nur noch nebeneinander her. Die Bereitschaft, sich mit dem Nachbarn auseinanderzusetzen, ist enden wollend", sagt der Historiker Niklas Perzi von der „Waldviertel Akademie".

Dabei sind 1989 die Zeichen gut gestanden. „Die Euphorie war groß nach der Öffnung", bestätigt Perzi. Österreicher seien in dem nördlichen Nachbarland plötzlich wie „Staatsgäste" aufgenommen worden. Und Tschechen kamen in großer Zahl in „ihren alten Skodas". Die Erwartungen an das Ende der „toten Grenzen" waren enorm. „Sehr viele Leute haben angefangen Tschechisch zu lernen – aber dann aufgehört, weil's eine schwierige Sprache ist." Auch das bestätigen Umfragen.

Drei Viertel der Waldviertler sagten kurz nach der Wende in einer Befragung, keine Tschechisch-Kenntnisse zu haben. Heute sind es ebenso viele. Bei den in der nördlichen Nachbarregion befragten Tschechen ist Deutsch dagegen leicht im Vormarsch. Während 1991 etwa jeder dritte Südmährer angab, des Deutschen nicht mächtig zu sein, war es 2008 weniger als jeder fünfte. Sehr gut oder gut Deutsch sprechen heute 28 Prozent der Südmährer. Bei den Waldviertlern sind es allerdings nur vier Prozent, die über gute oder sehr gute Tschechischkenntnisse verfügen.

Tschechen wirken Österreich gegenüber insgesamt aufgeschlossener. Die Frage „Wünschen Sie sich mehr Info über die Nachbarregion" bejahten 59 Prozent der Südmährer – und damit fast doppelt so viele wie Waldviertler (32 Prozent). „Die Lokalmedien enden an der Grenze", erklärt Perzi. Er spricht außerdem von „Wohlstands-Chauvinismus" und „allgemeiner Ignoranz" auf österreichischer Seite. „Tschechen werden als etwas Minderes wahrgenommen."

Etwas Veränderung ergab sich zwischen 1991 und 2008 bei tatsächlichen Kontakten: Drei Jahre nach der Wende hatten über 50 Prozent der Waldviertler erst ein- oder zweimal das nördliche Nachbarland besucht. 14 Prozent waren überhaupt noch nie dort gewesen, und nur ganz wenige fuhren damals regelmäßig rüber. 2008 war das Bild ein anderes: Zwar erklären zwei Prozent der Befragten, noch nie in Tschechien gewesen zu sein. Rund 28 Prozent der Waldviertler dagegen besuchen die tschechische Nachbarregion regelmäßig, mindestens einmal im Monat.

„Am Anfang gehörte es schon zum guten Ton rüberzufahren", meint Perzi. Viele fuhren einkaufen. „Besonders die Gartenzwerge sind gut angekommen", schmunzelt er. Doch nun, „dadurch, dass auch in Tschechien die Preise anziehen, ist auch das Einkaufen drüben nicht mehr so interessant". Und auch umgekehrt: Es reisen weniger Tschechen nach Österreich. „Warum sollten sie kommen? Es gibt ja bei uns im Waldviertel keine Arbeitsplätze. Bei uns ist alles ausgestorben und die Überalterung dramatisch. Das einzige, was floriert, sind Caritas und Hilfswerk."

Die beiden langzeitigen Streitthemen zwischen Österreich und Tschechien spielen im Alltag der Menschen nach Ansicht des Experten jedenfalls keine Rolle. Das grenznahe Atomkraftwerk Temelín sei kein Thema mehr. Die Grenzblockaden, die es auch an der Waldviertler Grenze gegen das südböhmische Atomkraftwerk gegeben hat, „waren nur ein Import aus Oberösterreich". Und: „Die Vertriebenen sind oft die einzigen, die sich für Tschechien interessieren."

Akademisches

2014 feiert die „Waldviertel Akademie" ihr 30-jähriges Bestehen mit einem Europa-Schwerpunkt.

Die 1984 gegründete Kultur- und Bildungsinitiative pflegte schon vor der Öffnung der Grenzen intensive Kontakte zum tschechischen Nachbarn.

Bereits am 10. Dezember 1989 wurde aus Anlass der Grenzöffnung zur damaligen CSSR in Langau das gemeinsame Fest „Grenzenlose Nachbarschaft" gefeiert, weitere Aktivitäten folgten.

25 Jahre Fall des Eisernen Vorhangs waren nun Anlass,

das Programm 2014 unter den Titel „Lebenswerte (der) Heimat – Zuhause im globalen Dorf Europa“ zu stellen. Mit den Erfahrungen der Vergangenheit werden Gedanken über die Zukunft erörtert. „Das Waldviertel war jahrzehntelang eine Region an der toten Grenze, erst nach 1989 rückte es wieder mehr in die geografische Mitte und auch in das Zentrum Europas“, erklärt der Geschäftsführer Christoph Mayer.

In den Veranstaltungen werden brennende Fragen der Region und der Zeit aufgegriffen: Abwanderung und Stillstand, Öffnung und Globalisierung, Genetik und Technik, Alter und Jugend. Es geht um politische Themen ebenso wie um Chancen im Wirtschaftsbereich, um das Jahr 1989 genauso wie um die Zukunft Europas.

2012 verlieh die „Waldviertel Akademie“ einen Preis an den tschechischen Dichter Pavel Kohout. „Wir wollen ihm für seinen langjährigen Einsatz für die österreichisch-tschechische Zusammenarbeit danken“, sagt Ernst Wurz, Vorsitzender der Akademie und des Wahlgremiums, das sich einstimmig für den tschechisch-österreichischen Dramatiker und ehemaligen CSSR-Dissidenten entschied.

Kohout wurde 1928 in Prag geboren. 1946 trat er in die Kommunistische Partei der Tschechoslowakei ein, aus der er 1969 ausgeschlossen wurde. Gemeinsam mit dem späteren Präsidenten Vaclav Havel verfasste er 1977 das Gründungsdokument der Bürgerbewegung Charta 77. Für seine Teilnahme an dieser Bürgerinitiative hat man ihn im Jahr 1977 gemeinsam mit seiner Frau seiner Wohnung in Prag zwangsweise verwiesen, zwei Jahre später gegen seinen

Willen nach Österreich abgeschoben und ihm die tschechische Staatsbürgerschaft aberkannt. Im folgenden Jahr erhielt er die österreichische Staatsbürgerschaft, im Jahr 1990 bekam er die alte zurück. Heute ist er Staatsbürger zweier Mitgliedsländer der Europäischen Union. Er lebt, arbeitet und wählt sowohl in Prag als auch in Wien. Ein hochklassiger Grenzgänger.

Ebenfalls im Jahr 2012 veranstaltete die „Waldviertel Akademie" eine ganz besondere Ausstellung im „Tschechischen Zentrum" in Wien. Gemeinsam mit dem Nationalen Museum für Fotografie in Jindřichův Hradec (Neuhaus) und dem Südböhmischen Museum in **České Budějovice** (Böhmisch Budweis) wurde dort die Fotoausstellung „Stories – Menschen an der Grenze" gezeigt und die Monografie „So nah, so fern. Menschen im Waldviertel und in Südböhmen 1945–1989" vorgestellt.

Das dreijährige Projekt untersuchte anhand ausgewählter Städte, Gemeinden und Dörfer die gemeinsame Nachkriegsgeschichte der im Waldviertel und in Südböhmen lebenden Österreicher und Tschechen. Historiker und Ethnologen begaben sich nach Groß Siegharts, Kautzen, Oedt an der Wild und Horn im Waldviertel sowie Neubistritz (Nova Bystrice), Temmerschlag (Mosty), Böhmisch Rudolez (Cesky Rudolec), Ceske Velenice, Roggenschlag (Rapsach), Klikau (Klikov), Gratzen (Nove Hrady), Gollnetschlag (Klení), Theresiendorf (Pohorska Ves) und Neuhaus in Südböhmen, um die Lebensgeschichten der dortigen Bewohner zu erkunden. Dazu wurden Dutzende Zeitzeugen interviewt und monatelang Archive studiert.

Ein 20-köpfiges bilaterales Fototeam, angeführt vom Doyen der tschechischen Fotografie, Miroslav Hucek, begab sich zwei Jahre lang auf fotografische Spurensuche: Wie veränderten sich die Ortschaften? Was ist geblieben?

Lässt man die Jahre von 1945 bis 1989 an der österreichisch-tschechischen Grenze Revue passieren, kommt es zur Wiederbegegnung mit Nachkriegszeit und Wiederaufbau, Wirtschaftswunder und Wohlstandsgesellschaft. Arbeiter im Blaumantel, Genossenschaftsmärkte und Dorfgreißlereien, Einbauküchen, Autos, Einfamilienhäuser und Plattenbauten, erste Urlaube am Meer, Eisenbahnwerkstätten und Textilfabriken, Bauernhöfe und Staatsgüter, abgerissene Familienbeziehungen, gelegentliche Besuche: All das findet sich auch in der Dokumentation „So nah, so fern", in der die Ergebnisse der Forschungen zusammengefasst sind. Das Waldviertel als Gegenstand wissenschaftlicher und kultureller Betrachtungen – wer wird jetzt noch fragen, wie um alles in der Welt gerade Zwettl …?

INNER-ÖSTERREICH

Schon der Name Innerösterreich verrät, dass es sich dabei nicht um eine Randlage handelt. Es ist aber nicht nur ein geographischer, sondern auch ein politischer Begriff, der im Mittelalter und in der frühen Neuzeit die Steiermark, Kärnten und Krain umfasste, darüber hinaus Österreichs Zugang zum Meer. Von hier ging jahrhundertelang die Verteidigung gegen die Osmanen aus, die Militärgrenze wurde hier organisiert, die schließlich bis in den Karpatenbogen nach Siebenbürgen reichte. Gleich zu Beginn des Dreißigjährigen Kriegs ging Innerösterreich verwaltungstechnisch in der Masse der Erbländer auf. Bis dahin, und formell noch bis in die Zeit Maria Theresias, hatte es eigene Statthalter, die sich für gewöhnlich in Graz aufhielten. Sie mögen bedeutende Männer gewesen sein, doch bevölkerten die steirische Hauptstadt auch noch ganz andere Gestalten …

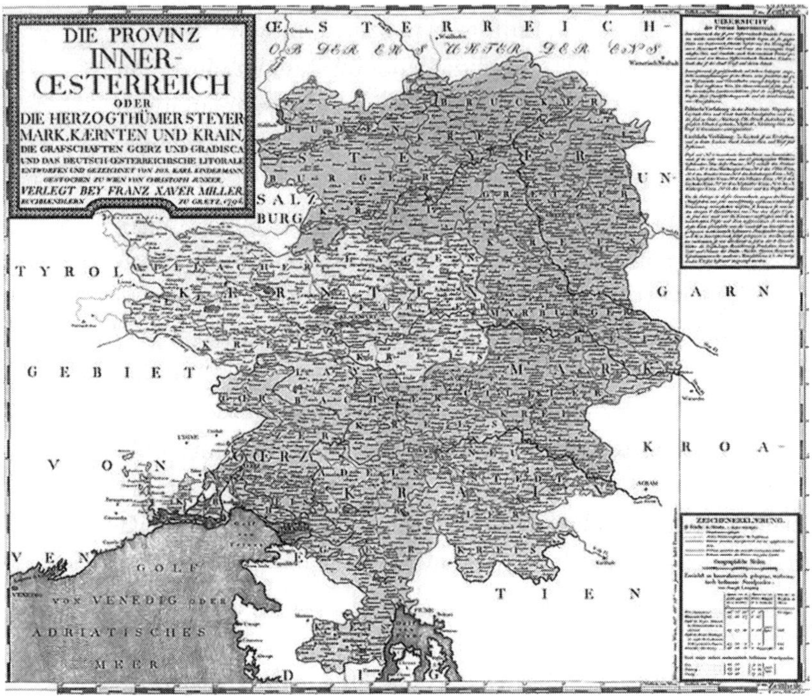

GRAZ

„Sie haben bestimmt schon von dem grässlichen Aberglauben gehört, der in der Steiermark, in Mähren, Schlesien, im türkischen Serbien, in Polen und sogar in Russland grassiert, dem Aberglauben – denn so müssen wir es nennen –, dass es Vampire gibt?“

Diese Frage stellt eine gewisse Laura, Bewohnerin eines Schlosses, das 30 Meilen von Graz entfernt liegt … Sie ist eine Figur der Vampir-Geschichte „Carmilla“, die der irische Autor Sheridan Le Fanu 1872 verfasst hat. Sie ist die erste einer ganzen Reihe von weiblichen Vampiren in der Weltliteratur. Und hätte Le Fanus Dubliner Landsmann Bram Stoker nicht gerade noch rechtzeitig etwas von Transsilvanien gehört, wären die Vampire beiderlei Geschlechts wohl für alle Zeiten in Graz hängen geblieben!

Erzherzöge statt Vamps

Da gab es eine Gräfin Johanna Anna von Purgstall, eine gebürtige Schottin, die auf dem Wasserschloss Hainfeld bei Feldbach wohnte und Besuch aus der Heimat von ihrem alten Freund Basil Hall erhielt. 1836 schrieb er in seinem Reisebericht wenig Schmeichelhaftes über Land und Leute: *„Noch weniger hätten wir es geträumt, sechs Monate auf ihrem Schlosse in der Steiermark zuzubringen, einem so entlegenen Lande, von dem wir nichts wussten.“* Er vermittelte der englischsprachigen Welt die Kunde von *„den schwer zugänglichen, von dumpfen Bauernvölkern besiedelten Gebieten, in denen ein zügelloser Aberglaube den verschiedensten Ängsten und Schrecken Gestalt verleiht“*.

20 Jahre später hätte Bram Stoker um ein Haar seinen eigenen Vampirroman in der einzigen auf den britischen Inseln bekannten Hauptstadt der Blutsauger spielen lassen: in Graz! So begann er auch sein ursprünglich erstes Kapitel, das später als Short Story veröffentlicht wurde. Sein Held stößt in einer gruseligen Walpurgisnacht im schummrigen Wald auf ein Grab mit der Inschrift: „Gräfin Dolingen zu Graz in der Steiermark, gesucht und tot aufgefunden 1801.“

Dann erzählte man dem Iren aber vom viel spektakuläreren und historischen Fürsten Walacheis, Vlad Tepes alias Draculea. Stoker adoptierte den Blutsäufer und ließ ihn in Transsilvanien auftreten. So blieb Graz das Vampirgeschlecht als Punze erspart. An seine Stelle traten bleibend andere schöne Geschichten und viel freundlichere Worte:

„Am Ufer der Mur liegt eine schöne Stadt, Graz genannt. Mitten auf der Ebene strebt ein ungemein hoher Berg auf, der allenthalben felsig abfällt. Auf seiner Spitze ist ein Schloss, sowohl durch die natürliche Lage fest, als durch Menschenwerk befestigt, so dass der Kaiser stolz sein kann."

Was will man mehr hören über (s)eine Stadt? Niemand Geringerer als Enea Silvio Piccolomini hat 1444 ihre erste überlieferte Beschreibung verfasst. Piccolomini, der spätere Papst Pius II., war damals Sekretär Kaiser Friedrichs III., der – wie bekannt – überall residierte, nur nicht in Wien. Graz hatte der Gute neben Wiener Neustadt besonders gern, und da er seine Erblande 40 Jahre lang bis auf gelegentliche Städtereisen nach Rom nie verließ, hat er sich Graz regelrecht ersessen und viele schöne Dinge bauen lassen. Dem sonst so sparsamen Friedrich verdankt die Stadt ihre Burg und ihren Dom.

Zum steirischsten aller Habsburger der Neuzeit wurde mit Sicherheit Erzherzog Johann von Österreich, obwohl die Steiermark nur seine Zweitgeliebte war, denn sein kaiserlicher Bruder Franz II. (I.) hatte ihm den Umgang mit dem aufbegehrenden Tirol verboten, das sich in Befreiungskämpfen gegen Franzens Schwiegersohn Napoleon I. wand. Der paranoide Franz fürchtete, der politische Kopf Johann könnte ein Königreich Rätien mit Tirol als Kernland errichten!

Bereits vor seiner Verbannung aus Tirol hatte Johann die Steiermark besucht. Als der so intelligente wie leutselige Erzherzog 1804 zum ersten Mal nach Graz kam, stieg er wie weiland sein Vater Leopold II. und davor Kaiser Joseph II. im Gasthaus „Zur Goldenen Sonne", heute Mariahilferstraße 12, ab.

Was auch immer er mit seinem ihm zugestandenen aktiven Leben anfangen wollte, die Alpen und ihre Menschen mussten jedenfalls dabei sein, so befand der philanthropische Habsburger. 1808 verlegte er seine Bibliothek und seine Kunst- und Naturaliensammlungen von Wien nach Graz und gründete dort 1811 das „Joanneum". Genau genommen ist es bis heute das einzige Nationalmuseum in Österreich, führt also zu Recht den Titel „Universalmuseum". Ehe die innerösterreichische Metropole zur europäischen Kulturhauptstadt 2003 werden konnte, gab es allerdings noch einige Turbulenzen und Etappen.

Etappen zur modernen Kulturstadt

Der bedeutende protestantische Astronom Johannes Kepler und seine Lehrtätigkeit an der Stiftsschule gegen Ende des 16. Jahrhunderts macht Graz gemeinsam mit der Jesuitenuniversität zu einem Hort der Gelehrtheit. Streifenweise wirkt die Stadt, vor allem durch sein Landhaus, wie ein Juwel italienischer Baukunst. 1619 werden die osmanischen Übergriffe zu riskant, und der Hof wandert aus Sicherheitsgründen endgültig nordwärts nach Wien.

Mehrmals gedemütigt und großteils kampflos eingenommen wird die Stadt in den Franzosenkriegen kurz vor und nach 1800. Napoleon Bonaparte beleidigt die Grazer und bezeichnet ihre Schlossbergfestung als „bicoque“, als Bruchbude! Nun, er behält Unrecht, denn die Festung hält 1809 dem französischen Beschuss stand und wird erst nach dem Friedensvertrag von Schönbrunn gesprengt. Für 2987 Gulden und 11 Kreuzer kaufen die Grazer wenigstens ihren Uhrturm frei.

Der nächste Schicksalsschlag traf die einstige innerösterreichische Metropole durch den Friedensvertrag von

St. Germain nach dem Ersten Weltkrieg, als mit der Untersteiermark ein Drittel ihres Herrschaftsgebiets abgetrennt wurde. Nach einer kärglichen Zwischenkriegszeit wuchs die NSDAP zu solch rasanten Höhen empor, dass Adolf Hitler sie 1940 zur „Stadt der Volkserhebung" erhob – der „Anschluss" war nur mehr die Vollendung einer weitgehenden Nationalsozialisierung ab Beginn der 30er-Jahre. Der NS-Gauleiter Sigfried Uiberreither, ein besonders übler Mordbube, ließ noch bis in die letzten Tage des Zweiten Weltkriegs Gefangene und „Kollaborateure" hinrichten, ehe er sich selbst absetzte. Dass er damit die Deutschen der Untersteiermark der schrankenlosen Rache der Tito-Kommunisten aussetzte, scherte den Herrn nicht, der noch bis in die 80er-Jahre unter falschem Namen unbehelligt in Sindelfingen lebte.

Heute scheint ihre Geschichte weit entfernt, und Graz ist eine moderne Universitäts- und Kulturstadt. Vorbei auch die Zeit, da es im Volksmund wegen seiner angeblichen rentnerfreundlichen Verschlafenheit als „Pensionopolis" bezeichnet wurde – allein das reichhaltige Nachtleben spricht dagegen. Glauben Sie mir …

LAIBACH UND MARBURG

Erfahrene Slowenienkenner mögen schmunzeln, wenn ein österreichischer Autor die beiden großen Städte in einem Atemzug nennt. Umso reizvoller, hier ein gemischtes Doppel vorzunehmen … Denn Marburg und Laibach, Maribor und Ljubljana, verhalten sich zueinander etwa so wie Graz und Klagenfurt, da ist eine Rivalität im Kleinen. „Hvala bogu da sem štajerc!", heißt es etwa in Marburg in der Stajerska, der Untersteiermark. Dieses „Gott sei Dank, dass ich Steirer bin!" richtet sich gegen die Krain, deren Mittelpunkt Laibach auch zugleich die Hauptstadt des Landes ist, das sich 1991 in einem blutigen Bürgerkrieg aus Jugoslawien in die Unabhängigkeit hinausschälte.

Blut …

Es war nicht die erste blutige Geschichte im vormaligen Süden der Kronländer Krain und Steiermark. Auch das slowenische Nationalbewusstsein wuchs erst im 19. Jahrhundert, die Namen Ljubljana und Maribor sind Wortschöpfungen aus dieser Zeit. Es darf als typisch österreichisches Aperçu gelten, dass ausgerechnet ein katholisch-kroatischer Bischof mit dem deutschen Namen Strossmayer daran maßgeblichen Anteil hatte. Um das Zusammenrücken der Südslawen in der Monarchie anzuspornen, betrieb dieser Bischof von Đakovo die Annäherung an die orthodoxe Kirche – erfolglos.

1919, als man sich mit Kroaten und Serben zum sogenannten SHS-Staat, zum Jugoslawischen Königreich, zusammenschloss, ging man zunächst einmal daran, die deutschen Bewohner zu vertreiben oder zu ermorden.

Das begann mit dem Marburger Blutsonntag am 27. Januar 1919, als slowenische Soldaten unbewaffnete deutsche Marburger Bürger, die auf das Eintreffen einer US-Friedensdelegation warteten, zusammenschossen, und setzte sich in der Gottschee, der ehemaligen großen deutschen Sprachinsel in der Krain, fort. Welch entsetzliche Entwicklung gegenseitigen Mordens! Während des Zweiten Weltkriegs siedelten die Diktatoren Hitler und Mussolini Slowenen und „Volksdeutsche“ durch Erpressung und

Gewalt zu Zehntausenden hin und her. Das Ergebnis waren Hass und Vernichtung auf allen Seiten, zwangsgermanisierte und pauschal als Partisanen-Sympathisanten verdächtigte und ermordete Slowenen. Das finale Wüten von Titos Kommunisten überlebten lediglich ein paar Hundert in ihrer Heimat verbliebene Gottscheer Deutsche. Ihre Nachkommen in Slowenien unterliegen bis heute weder kulturellem Schutz noch werden sie gefördert. Die slowenische Botschafterin in Wien erklärte mir Mitte der 90er-Jahre, dass es diese Volksgruppe nicht gebe, ja, „nie gegeben hätte". Die Vertreibungsdekrete, die „AVNOJ-Beschlüsse", waren also offensichtlich gegen Menschen erlassen worden, die nie existiert hatten. Na ja …

Wechselseitige Beleidigungen zwischen dem österreichischen Bundesland Kärnten und Slowenen diesseits und jenseits der Staatsgrenze in Sachen zweisprachiger Ortstafeln – in Kärnten sind es zu wenige, in der Gottschee gibt es gar keine – zeugen bis heute nicht gerade von nachbarschaftlicher Größe.

In Laibach wurde unterdessen auf Geheiß einer linken Stadtregierung 2009 wieder eine Straße nach Tito benannt. Nur vier Wochen nach der Entdeckung eines Massengrabs von 4000 Opfern seiner Partisanen. Die Toten reiten also schnell.

… und Wein!

Marburg an der Drau ist eine tolle Weingegend! Und es ist eine liebliche architektonische Melange aus Renaissance und Barock. Ihr Kern ist eine mittelalterliche „Markburg", eine Festung zum Schutz – wieder einmal – vor den Ungarn. Deren König Matthias Corvinus schaffte es Ende des 15. Jahrhunderts nicht, sie trotz zweimaligen Berennens einzunehmen.

Laibach, die Metropole der Krain, ist eine Gründung des rheinfränkischen Geschlechts der Sponheimer. Viele Jahre später, 1821, tagte hier ein Fürstenkongress der Heiligen Allianz, also der restaurativen Kräfte Europas, die sich der Wiederherstellung der alten Ordnung nach den Napoleonischen Feldzügen widmeten. Kaiser Franz und Zar Alexander in Laibach – das war doch was! Zum zweiten Mal innerhalb kurzer Zeit war man ein Nabel der Welt, denn Napoleon hatte „Laybach" zuvor 1809 für drei Jahre zur Hauptstadt der „Illyrischen Provinzen" Frankreichs erkoren.

Im Juni 2001 traf hier erneut ein Zar auf einen heiligen Krieger: Vladimir Putin gipfelte mit US-Präsident George W. Bush in Laibach. Politische Beobachter sagten danach, dass Bushs „Blick in Putins Augen" eine neue Ära der Zusammenarbeit zwischen den beiden Mächten quasi am Vorabend des 11. September 2001 eingeleitet hätte. Ja, ja, wo die Liebe hinfällt … Ob dabei der slowenische Tafelwein oder die pure Romantik des Ortes im Spiel waren …?

DER WESTEN

So, jetzt wird's wieder ein bisschen verwirrend, denn wir sprechen von zwei Städten in „Oberösterreich": Innsbruck und Bozen. Ja, denn die längste Zeit bezeichnete man das 1363 zu Habsburg gekommene Tirol und Vorarlberg zusammen mit den Vorlanden in der heutigen Schweiz und Baden-Württemberg als „Oberösterreich", wohingegen das heute so benannte Land um Linz „Österreich ob der Enns" hieß. Aber wenn Ihnen das zu kompliziert ist, vergessen Sie's gleich wieder und seien Sie nur versichert, dass es um den Westen Österreichs geht.

INNSBRUCK

Sigismund der Münzreiche war ein ausschweifender Mann. Der Habsburgerherzog aus der „Leopoldinischen Linie" hatte seinen Beinamen aber nicht wegen seiner Verschwendungssucht, sondern weil er es war, der die fürstlichen Münzen nicht mehr in Meran, sondern in Hall prägen ließ – ein entscheidender Bedeutungsschub für den Nordtiroler Handel! Seine kostspielige Residenz unterhielt er in Innsbruck, einer Stadt, die um 1200 von den Grafen Andechs gegründet und zu einem Handelsknotenpunkt und zu einer Zolleinnahmestelle der alpinen Nord-Süd-Achse wurde. Margarete Maultasch, die letzte Gräfin von Tirol, hatte das Land den Habsburgern übergeben – ein Erbe, das Sigismund 1490 aufs Spiel setzte, da er sich in einem aufwändigen Krieg gegen Venedig verzettelte. Der Handel wanderte ab, die Tiroler Stände stellten Sigismund einen Baum auf und zwangen ihn zum Abdanken. Sein Verwandter König (später Kaiser) Maximilian I., genannt „Der letzte Ritter", dankte es ihm, übernahm er doch das Land und vor allem die Stadt Innsbruck mit großer Freude, und endlich waren die Habsburgischen Erblande unter einem Dach – einem „goldenen Dach".

Maximilian I. und die Kultur

Maximilian I. erhob die Stadt in kulturelle Höhen, erbaute Hofburg, Zeughaus und eben das berühmte „Goldene Dachl", das Innsbrucker Wahrzeichen. Vor allem aber war er ein großer Protektor der Musik. Das Institut für Tiroler Musikforschung weiß über ihn:

„Kaiser Maximilian I., der Innsbruck besonders liebte, sich daher in der Tiroler Landeshauptstadt bevorzugt aufhielt und hier auch seine Begräbnisstätte wünschte, beabsichtigte ein *Musica-uech* zu verfassen. Der Plan wurde schließlich nicht ausgeführt, verweist jedoch auf Maximilians ausgeprägte musische Neigungen. Gerne ließ sich der Kaiser, der nach Überlieferung seines Leibarztes Cuspinianus ein einzigartiger Musikliebhaber war, im Kreise seiner Hofmusiker darstellen; so ist Maximilian im berühmten Triumphzug, die Musik auszeichnend, mit seiner Innsbrucker Hofkapelle abgebildet. Neben dem Kaiser steht lorbeergekrönt sein *Hofkomponist*, der damals wohl berühmteste Musiker Heinrich Isaak. Er ist der erste Musiker der Geschichte, der in den Archivalien als *Componist* bezeichnet ist. Der aus Flandern stammende Isaac hat der Stadt Innsbruck mit dem Lied *Innsbruck ich muss dich lassen* ein unsterbliches Denkmal gesetzt. Die Worte vermutet man aus dem Mund Kaiser Maximilians, ‚die berühmte Weise', möglicherweise von Isaac aus Tiroler Volksliedtradition adaptiert, wurde in den nachfolgenden Jahrhunderten von vielen Komponisten, darunter auch von Bach, verwendet. Im Innsbruck Maximilians waren damals noch weitere herausragende Meister tätig, die man heute als Weltstars bezeichnen würde, so der überragende Organist Paul Hofhaimer und der unerreichte Liedmeister Ludwig Senfl."

In Innsbruck wollte Maximilian auch begraben werden. Daraus wurde indes nichts. Auf dem Weg von Innsbruck nach Linz starb der von schweren Selbstzweifeln und einer Krebskrankheit gepeinigte Kaiser (seit 1508) auf der Burg von Wels. Von seinem Gefolge hatte er schon jahrelang seinen Sarg mitführen lassen. Er befahl, dass sein Leichnam gegeißelt werden sollte, die Haare abgeschnitten und die Zähne ausgebrochen werden sollten. Ein grauenhaftes Totenbildnis zeigt einen entstellten Leichnam. Sein Grabmal in der Innsbrucker Hofkirche blieb allerdings leer, die bronzenen „Schwarzen Mander" (an denen auch Albrecht Dürer mitgearbeitet hatte) stehen hier bis heute zu Ehren eines Mannes, der eigentlich in Wiener Neustadt, seiner Geburtsstadt, begraben liegt. So hatte er Innsbruck also für alle Zeiten lassen müssen. Statt seiner liegt in der Hofkirche aber ein anderer wirkmächtiger Tiroler.

Der Hofer war's ... aber nicht allein!

Die Geschichten über den Sandwirt Andreas Hofer, der die wackeren Tiroler anno 1809 in den Freiheitskampf gegen französische und bayerische Besatzer führte, sind Legion. Die einen verklären ihn zum heiligmäßigen Volkshelden, der 1810 sein Leben vor dem Erschießungskommando in Mantua lassen musste und noch im Fallen programmatische Erklärungen abgab („Franzl, Franzl, das verdank ich

A H

dir!", gemünzt auf Kaiser Franz, der die Tiroler in ihrem Ringen allein gelassen hatte). Andere wiederum machen heute eine Art katholischen Taliban aus ihm, der in der kurzen Zeit, da er in Innsbruck residierte, Lustbarkeiten verbot und überhaupt das Rad der Zeit zurückdrehen hätte wollen.

Den meisten nachgeborenen Tirolern war und ist das ziemlich egal, sie hatten und haben ganz andere Sorgen: Da waren 1939/43 die „Optanten", die nach einem Deal der Diktatoren Hitler und Mussolini zur Auswanderung gezwungenen Südtiroler, die in eigene Innsbrucker Siedlungen ziehen mussten, ehe viele von ihnen nach dem Krieg wieder nach Südtirol zurückgingen; die Nord- wie Südtirol gleichermaßen belastenden „Bumser", jene Aktivisten und Attentäter, die in den 60er-Jahren mit Gewalt Südtirol zurück nach Österreich sprengen wollten; und da waren auch jene Ereignisse, die Innsbruck zum touristischen Mekka werden ließen: 1964 und 1976 fanden hier die Olympischen Winterspiele statt.

Eine übrigens heute wenig bewusste Tatsache: Politische Hauptstadt Tirols blieb bis 1849 offiziell Meran. Trotzdem bestand nie ein Zweifel, dass Innsbruck vorher wie nachher ein Hauptort Österreichs war.

BOZEN

Bisweilen kann die Geschichte böse Streiche spielen! Da ist man eine stolze Handelsstadt, die sich auch kulturell sehen lassen kann, und dann hinterlässt ein genialer, wiewohl auch rotzfrecher Musiker in einem Brief an seine Schwester ein gemeines Urteil, das bis heute die Zeiten überdauert hat:
„Nun sind wir schon zu Botzen. Schon? Erst! Mich hungert, mich dürstet, mich schläffert, ich bin faul; ich bin aber gesund [...] Lebe wohl. Schreibe mir was Neues. Botzen dies Sauloch. Ein Gedicht von einem der über Botzen fuchs-teufel-wild und harb war:

Soll ich noch kommen nach Botzen
So schlag ich mich lieber in d' Fozten."

Sauloch? Frechheit! Auch wenn's ein Genie wie W. A. Mozart geschrieben hat und das 1773 nach wildem und beschwerlichem Herumreisen von Salzburg nach Italien und wieder zurück …

Von Bozen nach Bolzano

Mozarts Wort war ungerecht, obwohl zu seiner Zeit die erste große Zeit der Stadt sicherlich vorbei war und ihre zweite Blüte erst kommen sollte: in der Gründerzeit nämlich, der zweiten Hälfte des 19. Jahrhunderts. Ein liberales Bürgertum brachte den Tourismus in die Höhe und ließ 1889 den mittelalterlichen Lyriker und Sänger Walther von der Vogelweide als steinernes Denkmal des Deutschtums auf einem zentralen Platz mahnend gen Italien blicken. Die Antwort kam 1895, als die Italiener in Trient (damals ebenfalls noch österreichisch) ein Dante-Denkmal enthüllten …

Nachdem Habsburg gewichen war, starteten die italienischen Faschisten 1922 gegen die deutsche Volksgruppe einen „Marsch auf Bozen", und viele eingeborene Bozner fanden sich bald in Süditalien wieder, wohingegen Sizilianer und Neapolitaner gezielt in Bozen Einzug hielten. Sie arbeiteten in neu errichteten Industriebetrieben und bauten mit an faschistischen Repräsentationsbauten wie dem „Siegesdenkmal". Die deutschen Nazi-Besatzer errichteten wiederum in Bozen ein Durchgangs-KZ, in das Juden und

Widerstandskämpfer deportiert und wo diese ermordet wurden.

Südtiroler Freiheitskampf im Radio

Vor einigen Jahren tauchten in Südtirol Tonbandaufnahmen eines illegalen Radios aus der Zeit des „Freiheitskampfes" der 60er-Jahre des vergangenen Jahrhunderts auf. In digitalisierter Form wurden sie in Bozen veröffentlicht.

Mit Stellungnahmen zu politischen Entwicklungen, Aufrufen an die Bevölkerung, Botschaften an das Militär und geheimen Nachrichten an diverse Einsatztruppen des Befreiungsausschusses Südtirol (BAS) habe der Sender „Radio Freies Tirol" von wechselnden Standpunkten aus, Woche für Woche, Botschaften durch den Äther geschickt. „Es ist ein spannender Einblick in die Geschichte des Südtiroler Freiheitskampfs, der zeigt, dass sich der Freiheitskampf nicht nur auf demonstrative Anschläge konzentrierte, sondern auch auf Information und Aufklärung setzte", erklärten die Radiohistoriker und sprachen von „unschätzbaren Zeugnissen der Südtiroler Zeitgeschichte".

So seien unter anderem auch Botschaften in englischer, französischer, russischer und italienischer Sprache gesendet worden, um ein größtmögliches Publikum über den Freiheitskampf in Südtirol zu informieren. Am 1. Dezember 1965 habe die Wiener „Wochenpresse" angekündigt, dass die Tiroler Freiheitskämpfer einen Geheimsender installieren wollen, der in Nord- und Südtirol tätig werde. Die gesamte österreichische Presse habe diese Meldung, die von der APA (Austria Presse Agentur) verbreitet und auch von „Radio Tirol" ausgestrahlt wurde, gedruckt. Am 12. Dezember wurde schließlich vom Haus des Schützenhauptmanns von Oberperfuß in Nordtirol die erste Sendung ausgestrahlt. Trotz eines „Großaufgebotes von Peilwagen, Bespitzelung durch italienische Geheimdienste und medialer Hetze der italienischen Tageszeitungen" wurde der nie entdeckt und die Betreiber nie ausfindig gemacht.

Aus Enttäuschung über den schleppenden Verlauf der diplomatischen Verhandlungen hatte sich in den späten 50er-Jahren in Südtirol der BAS formiert, der zunächst gewaltfrei (etwa durch Hungerstreik) gegen die Haltung Roms protestierte. Als der damalige österreichische Außenminister Bruno Kreisky 1960 die Südtirol-Frage vor die UNO brachte und die darauffolgenden Verhandlungen über den Autonomiestatus wieder nicht fruchteten, entschloss der Befreiungsausschuss Südtirol, durch Gewaltakte, bei denen keine Menschen zu Schaden kommen sollten, auf sich aufmerksam zu machen.

In der Nacht vom 11. zum 12. Juni 1961 erschütterten zahlreiche Sprengstoffanschläge Südtirol. An dieser „Feuernacht“ beteiligten sich viele Personen aus einfachen sozialen Verhältnissen. Besagte Nacht bedeutete in vieler Hinsicht „die große Zäsur“: Es folgten Massenverhaftungen, Prozesse und Folterungen. Rom stationierte 25.000 Soldaten in Südtirol. Erst Jahrzehnte später wurde das Zweite Autonomiestatut realisiert.

Provokationen

Nach wie vor liegen die Nerven in Bozen immer wieder blank. Zum Beispiel im Mai 2012, als die „Alpini“, die Veteranen der italienischen Gebirgsjäger, zu einem großen Treffen aufmarschierten.

Der Festumzug führte als Höhepunkt der Veranstaltung vom Europaviertel an der Festtribüne am Gerichtsplatz vorbei bis zum Siegesplatz. Unter den Ehrengästen waren unter anderen der damalige italienische Verteidigungsminister Giampaolo Di Paola und die ehemaligen Landeshauptleute von Südtirol und der autonomen Provinz Trient Luis Durnwalder und Lorenzo Dellai.

Der Zivilschutz in Bozen schätzte die Teilnehmer auf 70.000 bis 100.000 Menschen. Der Veranstalter hatte mit 500.000 gerechnet. Trotzdem reichte es für eine Provokation: Für Kritik sorgte eine Kranzniederlegung vor dem „Alpini“-Denkmal in Bruneck, das an eine Einheit erinnert, die für Kriegsverbrechen im Afrikafeldzug in den 30er-Jahren verantwortlich gemacht wird.

Der Südtiroler Schützenbund sprach von einer „Huldigung von Massenmördern“. Trotz Beteuerungen im Vorfeld des nationalen Treffens, nicht provozieren zu wollen, zeige die Kranzniederlegung, dass die „Alpini“ immer noch an ihrer faschistischen Vergangenheit festhielten, kritisierten die Schützen.

Doch auch ohne Aktionen solcher Art merkt man der Stadt bis heute die rücksichtslose Italianisierung und die Widerstände dagegen an – symbolträchtig in der Aufschrift am faschistischen „Siegesdenkmal“ formuliert: „Von hier aus veredelten wir die Anderen durch die Sprache, die Gesetze und die Künste.“

Selbst nach bitteren Erfahrungen ist auch in der international als vorbildlich geltenden Autonomie-Region Südtirol manches am Schwelen: die peinlichen Umbenennungen des „Siegesplatzes“ in „Friedensplatz“ und nach postfaschistischer Intervention wieder zurück in „Siegesplatz“ (2003) sind dem 21. Jahrhundert eigentlich unwürdig.

Trotzdem. Wer als Gast in schönen Hotels wie dem „Parkhotel Laurin“ an der Bar sitzt und bei gutem Wein mit Boznern ins Gespräch kommt, merkt, dass vor allem in der jungen Generation jederlei Nationalität der europäische Frieden Einzug gehalten hat – hier, wo wie an so vielen Grenzen einst das Blut in Strömen floss.

Aus allen Volksgruppen kommen kreative Gedanken für die Stadt. Auf die Frage der „Südtirol-News“, wie er sich

Bozen in 30 Jahren vorstellte, sagt Carlo Azzolini (geboren 1948 in Sterzing), der Präsident der Architekturstiftung Südtirol:

„Ich sehe eine Stadt, die nicht größer ist als heute. Der Ausdehnungsdrang ist nicht mehr so stark wie in den 60er-Jahren. Ich sehe eine Stadt, die strukturierter ist und mehr auf die Qualität der Räume und Orte setzt, in denen sich die Menschen bewegen. Eine Stadt ist mehr als die Summe ihrer Häuser: Was eine Stadt ausmacht, sind die Beziehungen zwischen den Bauten und dem Raum, in dem sich die Menschen bewegen.“

UNTER DER STEPHANSKRONE

Die Übermacht ist überwältigend. Ein Sieg oder auch nur ein Bestehen gegen den Feind scheint ausgeschlossen zu sein …

Und dann gelingt der kleinen Schar von Ungarn unter König Hunyadi, verstärkt durch wenige österreichische Bauern und Ritter, bei Nándorfehérvár (Belgrad) das Unfassbare: An der Spitze schreitet mit einem drei Meter hohen Kreuz in der Hand der Prediger Johann Capistran und führt das Christenheer zum Sieg gegen eine osmanische Übermacht! Noch einmal kommt die Militärwalze des Sultans zum Stehen. Zum Dank dafür lässt der Papst angeblich das Mittagläuten in den christlichen Ländern einführen.

„Jetzt schlagt's zwölfe", sagen die Menschen, nicht wissend, dass Papst Kalixt III. das „Zwölfeläuten" eigentlich präventiv, also zum Gebet für den kommenden und nicht den bereits errungenen Sieg einmahnte. Gehalten hat sich's jedenfalls bis heute.

In diesem denkwürdigen Jahr 1456 steht längst fest, dass aus dem vormals gefürchteten Reitervolk der Magyaren eine wichtige Grenzmacht gegen den nach Westen vordringenden Islam geworden ist. Hatte es sich also doch ausgezahlt, dass Papst Sylvester II. im Jahr 1000 den Arpadenkönigen die Heilige Stephanskrone verliehen hatte, die sie zu „Apostolischen Königen" machte, so wie dann ihre Nachfolger bis 1918.

VON PRESSBURG ÜBER KOMORN

Bratislava 1997. Ich saß einem Rabbiner gegenüber, der soeben verprügelt worden war. Ein antisemitischer Übergriff slowakischer Nationalisten. Durfte das denn wahr sein? Eben erst hatte ich auf der Fahrt quer durch die seit 1. Januar 1993 eigenständige Slowakei den Abgeordneten František Gaulieder getroffen und mir die Schäden an seinem Haus angesehen, die die Bombe hinterlassen hatte, die ihn nach seinem Austritt aus der rechten Regierungspartei HZDS treffen sollte. Er hatte in der zwischen Ungarn und der Slowakei geteilten Stadt **Komorn** drei Geistliche an einen Tisch gebracht, die anschließend alle drei Besuch der Geheimpolizei des damals zusehends nationalistisch regie-

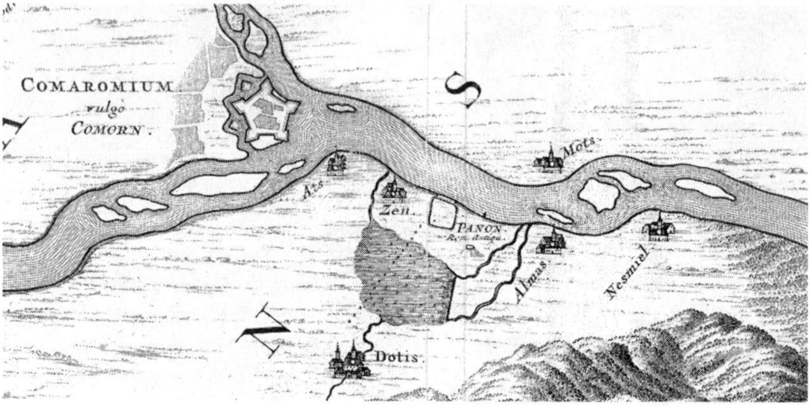

renden Ministerpräsidenten Vladimír Mečiar erhalten hatten. Zu unerhört war es gewesen, dass der slowakische katholische Pater, der ungarische reformierte Pastor und der slowakische Methodistenprediger zum ersten Mal an einem Tisch zusammengekommen waren und noch dazu in ein österreichisches Radiomikrofon die Nöte des Zusammenlebens ihrer Schäfchen geschildert hatten. Und nun auch noch antisemitische Randale, ausgerechnet hier? Das entsprach doch nicht der Tradition von Bratislava, dem alten **Preßburg?**

Ob zu Ungarn, Bayern, Polen, Österreich, der Tschechoslowakei oder einer eigenständigen Slowakei gehörend, hat Preßburg einen guten Teil seiner wechselvollen Geschichte seit mehr als tausend Jahren als Hauptstadt eines Kreises, Komitats oder Landes zugebracht.

Heute ist Bratislava die einzige Hauptstadt der Welt, die unmittelbar an zwei Staaten grenzt (bis in die Zeit zwischen den Weltkriegen konnte man von Wien aus hierher mit der Straßenbahn fahren) und in ihrer Anmutung und Gestalt wieder der Prototyp einer europäischen Kleinmetropole ist. Wer die Sprache der Preßburger beherrscht, kann sich faktisch in ganz Ost-Mitteleuropa verständigen.

Was das alles mit Ungarn zu tun hat?

Nun, Preßburg, ungarisch Pozsony, war von 1526, als nach der Schlacht bei Mohács die doch noch siegreichen Osmanen weit ins ungarische Kernland vorrückten, bis 1783 Hauptstadt Ungarns – und das mit mehrheitlich deutscher Bevölkerung. Elf Könige und acht Königinnen aus dem Haus Habsburg wurden im Martinsdom gekrönt. Unter Maria Theresia war Preßburg die wichtigste Stadt Ungarns, doch Joseph II. („Joseph der Deutsche") ließ die Kronjuwelen nach Wien und die Verwaltung nach Ofen (ein Teil des späteren Budapests) verlegen. Der Glanz verblasste zusehends. Nach dem österreichisch-ungarischen Ausgleich wurde „Oberungarn" (die heutige Slowakei) von den ungarischen Nationalisten nach und nach „magyarisiert", das heißt die Slowaken wurden in ihrer Identität unterdrückt, und das aus ungarischer Sicht mit Erfolg: Hätte das Königreich Ungarn noch eine Generation länger bestanden, gäbe es vielleicht heute keine Slowaken …

Ein Sinnbild dafür ist die geteilte Stadt Komorn, ungarisch Komárom, slowakisch Komárno. An zwei Ufern der Donau liegend, hat die Festung allen Osmanenstürmen erfolgreich getrotzt, nicht aber den Nationalismen des 19. und 20. Jahrhunderts. Sie haben zwei Städte draus gemacht, eine ungarische und eine slowakische.

VON ÖDENBURG NACH BUDAPEST

Nein, ich bin kein Banause und auch kein österreichischer Chauvinist, betone ich und versuche, meinen ungarischen Gastgeber zu beruhigen. Natürlich weiß ich, dass echte Magyaren niemals mit Bier anstoßen, weil das die österreichischen Soldaten ausgiebig getan haben, als sie auf den Sieg über die ungarische Variante der 1848er-Revolution tranken.

Warum ich ihm, dem netten Menschen zu Ehren, mein Bierglas hier im Jahr 2010 in einem Lokal in Sopron, dem alten Ödenburg, trotzdem erhoben habe? Weil der Schwur der Revolutionäre nur auf 150 Jahre angelegt war. 1848 ist zum Zeitpunkt des fröhlichen Umtrunks aber schon ganze 162 Jahre her.

Egal, ist ja gut, ich habe verstanden und werde es trotzdem nicht mehr tun. Wozu gegen die überzeitliche Haltbarkeit ungarischer Nationalmythen und Traditionen antrinken? Noch dazu in Ödenburg, das selbst nur durch einen Kniff Teil der ungarischen Nation geblieben ist?

Dem böhmischen König Ottokar Premysl hat es genauso widerstanden wie den gen Wien rennenden Osmanen im Jahr 1529. Aus dem Großbrand von 1676 erstand es wieder als schöne Barockstadt, nur eines blieb Ödenburg versagt: Hauptstadt des aus „Deutsch-Westungarn" neu entstehenden österreichischen Bundeslands Burgenland zu werden, als die es vorgesehen war! Nach einigen Versuchen der Deutschsprachigen, sich dem neuen, kleinen Österreich anzugliedern, ging die Volksabstimmung von 1921 in Ödenburg mehrheitlich für Ungarn aus – Beobachter orteten Wahlbetrug mit gefälschten Wählerlisten und rätselhaften Wählerbewegungen, aber das Ergebnis von 65 Prozent der Stimmen für Ungarn war amtlich. Obwohl die Gemeinden rund um die Stadt für Österreich gestimmt hatten, wurden auch sie Ungarn zugeschlagen. So kamen Sauerbrunn und 1925 Eisenstadt zu Hauptstadtehren – aber das ist wieder eine eigene Geschichte.

In Budapest saß damals als Reichsverweser anstatt des immer noch formell an der Macht befindlichen, aber verbannten Habsburgers König Karl IV. (als Kaiser Karl I., 1887–1922) ein Admiral namens Miklós Horthy (1868–

1957). Er würde für Ungarn in den 30er- und 40er-Jahren mithilfe Hitlers und Mussolinis in zwei „Wiener Schiedssprüchen“ Teile der Südslowakei und Nordsiebenbürgens annektieren, einstige Größe beschwörend – um den Preis der Kriegsteilnahme Ungarns am Krieg an der Seite Deutschlands und Italiens. Das Burgenland war da schon als Teil des Dritten Reichs aufgelöst und zwischen „Niederdonau“ (Niederösterreich) und der Steiermark aufgeteilt worden. Ungarn hatte keine Ansprüche mehr darauf erhoben.

BUDAPEST

1526 waren die Habsburger formell Könige von Ungarn geworden, mussten es sich faktisch aber von Osmanen und anderen konkurrierenden christlichen Fürsten schrittweise erobern. Buda, das alte Ofen mit seiner Burg, und Pest waren wie der Großteil von Ungarn türkisch besetzt und erst 1687 nach zwei Belagerungen von den Kaiserlichen erobert worden. Doch die Habsburger – nun auch formell gekrönte Erbkönige – mussten sich die Gunst der ungarischen Stände und Magnaten immer wieder neu erringen, und das als Stadt erst neu entstehende Budapest war ab dem 18. Jahrhundert als Verwaltungszentrum Zeugin und Schauplatz dafür.

Die ab den 30er-Jahren des 19. Jahrhunderts entstandene Kettenbrücke verband die beiden Donauufer. Das aufständische, das revolutionäre Ungarn verordnete 1848 das Zusammenwachsen zu Buda-Pest, was die Habsburger erst 1873 akzeptierten.

U-Bahn und Achterbahn

Da war Ungarn nach dem österreichisch-ungarischen Ausgleich von 1867 schon weitgehend unabhängig und nur durch die Person des gemeinsamen Herrschers Franz Joseph, die Außen- und Finanzpolitik und das Militärwesen mit Österreich verbunden. Von Budapest ging eine Welle der Magyarisierung aus, die allen anderen Völkern unter der Stephanskrone, den Slowaken, den Rumänen und den betroffenen Ukrainern und Südslawen, schwer zu schaffen machte und den Ungarn bis heute Ressentiments unter seinen Nachbarvölkern sichert.

Die Stadt wurde in der zweiten Hälfte des 19. Jahrhunderts zur Metropole, 1896 feierte man tausend Jahre

„Landnahme", also tausend Jahre Ungarn, mit einer Millenniumsausstellung und der Errichtung der ersten U-Bahn auf europäischem Festland. Auch nach 1918, als Ungarn drei Viertel seines Staatsgebiets verloren hatte, blieb Budapest eine wichtige europäische Hauptstadt.

Eine andere Bahn wurde dagegen 2013 empfindlich in ihrem Betrieb gestört:

Der „Budapester Prater" schloss nach 175 Jahren seine Pforten.

Mehr als hundert Jahre lang drehte sich das alte Ringelspiel mit den hölzernen weißen Pferden, Kutschen und goldenen Engeln im Kreis. Doch dann wurde die Schließung des Vergnügungsparks („Vidam Park") in der ungarischen Hauptstadt verkündet. Das entschieden die Stadtväter, weil der Park seit Jahren Verluste gemacht und seine Besucherzahl sich seit 2007 halbiert hatte.

Der größte Vergnügungspark Ungarns liegt im Stadtwäldchen (Városliget) auf einer Fläche von 6,5 Hektar und wurde 2005 als der beste europäische Freizeitpark für seine Bemühungen um die Pflege der Traditionen mit dem namhaften Preis „Golden Pony" ausgezeichnet. Seine historische Holzachterbahn, die längste Europas, stammt aus dem Jahr 1922. Das alte Pferderingelspiel wurde mit dem Preis

„Europa Nostra" geehrt. 40 Schausteller waren in dem Park tätig.

Von der Schließung des Vergnügungsparks soll der angrenzende Tierpark profitieren, der mehr Erweiterungsmöglichkeiten hat. Nur fünf unter Denkmalschutz stehende Attraktionen, wie die Hochschaubahn und das Pferderingelspiel, sollten in den Zoo integriert werden. Alle anderen Anlagen wurden geschlossen.

Die Opposition warf der zur Regierungspartei Fidesz-MPSZ gehörenden Stadtführung vor, den „Vidam Park" absichtlich in die Schuldenfalle getrieben zu haben.

Nicht der einzige Vorwurf an die Partei des umstrittenen konservativen Ministerpräsidenten Viktor Orbán.

Denk mal!
Turbulenzen um Horthy und Co.

Sonntag, 3. November 2013 in Budapest

Unter massivem Polizeiaufgebot und lautstarken Protesten wurde in der Innenstadt ein Denkmal für den ehemaligen ungarischen Reichsverweser und Hitler-Verbündeten Miklós Horthy enthüllt. Die Bronzebüste wurde vor der reformierten Kirche auf dem Szabadság tér (Freiheitsplatz) eingeweiht, bewacht von „Soldaten" in ungarischen Uniformen aus dem Ersten Weltkrieg.

Der Pastor der Kirche, Lóránt Hegedüs, wurde seinem Ruf als Brandredner und Extremist gerecht, indem er die Frage stellte, „wer an unserer Seite steht oder an der des israelischen Terrorstaates".

Hunderte Gegendemonstranten mit gelben Sternen hatten sich gegenüber der Kirche versammelt, um gegen das Denkmal zu protestieren. Ein Student erklärte österreichischen Journalisten, dass Horthy ein „Schandfleck“ in der ungarischen Geschichte sei. Ein älterer Mann formulierte seine Ängste hinsichtlich des erstarkenden „Antisemitismus und Faschismus“ in Ungarn. In lauten dauerhaften Sprechchören forderten die Demonstranten „Nazis raus!“ und „Es reicht!“. „Keinen Schritt weiter“ stand auf Transparenten, auf denen mit roter Farbe durchgestrichene Hakenkreuze zu sehen waren.

Aus den Reihen der Horthy-Anhänger wiederum kamen Rufe wie „dreckige Juden“, es erklangen Hochrufe auf Horthy. Eine Frau gestand während des Jubels: „Wir sind zu wenig, die Demonstranten sind uns zahlenmäßig überlegen."

Die Gegendemonstranten störten „die Feierlichkeiten" mit Sprechchören, ernsthafte Zwischenfälle blieben aber aus. Bei der Denkmaleinweihung trat auch der Jobbik-Abgeordnete Márton Gyöngyösi auf. Dieser hatte vorgeschlagen, alle in Ungarn lebenden Juden in Listen zu erfassen, um zu prüfen, „welche Juden, insbesondere im Parlament und in der Regierung, ein Sicherheitsrisiko für Ungarn darstellen".

Der Fraktionschef der Regierungspartei Fidesz-MPSZ Antal Rogán bezeichnete die Denkmalenthüllung als eine „politische Provokation" der rechtsradikalen Jobbik-Partei. Diese Aktion würde den westeuropäischen linken Medien wieder „als Vorwand dienen, um Ungarn erneut in ein schlechtes Licht zu rücken".

Die oppositionellen Sozialisten (MSZP) warfen Orbáns Partei hingegen vor, nichts gegen die Verbreitung rechtsextremen Gedankenguts zu unternehmen.

Indes ist die Regierung um Schadensbegrenzung bemüht: „Auch die Ungarn sind für den Holocaust mitverantwortlich", sagte der stellvertretende Regierungschef Tibor Navracsics, der auch Justizminister seines Landes ist, bei einer internationalen Konferenz in Budapest über Antisemitismus und jüdisches Leben in Europa.

Navracsics, geboren 1966, beklagte, dass in seiner Jugend während des Kommunismus in Ungarn zu wenig und zu unvollständig über die ungarische Rolle während des Holocaust gesprochen worden sei. Heute stehe man vor dem „Dilemma“, wo die Grenze zu ziehen sei zwischen freier Meinungsäußerung und rassistischen Hassreden, so der Minister mit Blick auf häufige Anzeichen von Antisemitismus in Ungarn. Ziel seiner Regierung sei es, zu erreichen, dass jede nationale oder religiöse Minderheit sich in Ungarn „sicher fühlt“.

Und im Jänner 2014 hat sich Ungarn vor den Vereinten Nationen erstmals für seine Beteiligung am Judenmord im Zweiten Weltkrieg entschuldigt. „In dieser Form und im Namen des ungarischen Staates hat noch niemand vor der UNO die Verantwortung Ungarns für seine Rolle im Holocaust übernommen“, sagte der ungarische UNO-Botschafter in New York.

Leidige Geschichte

Der deutsche Reichsadler greift den Erzengel Gabriel als Sinnbild Ungarns an. So sieht die ungarische Regierung den Einmarsch von 1944. Über dieses neue Denkmal für Budapest sind im Jahr 2014 viele nicht gerade begeistert.

Das vom Bildhauer Peter Parkany entworfene Objekt soll einen deutschen Reichsadler darstellen, der im Sturzflug vom Giebel eines sieben Meter hohen klassizistischen Portikus den „Erzengel Gabriel“ angreift, der Ungarn symbolisiert. In seiner Präsentation schreibt der Künstler, der Adler solle an deutsche Kampfbomber erinnern. Diese Assoziation sei unsinnig, meinen zahlreiche ungarische Historiker, zumal beim deutschen Einmarsch kein einziger Schuss gefallen sei, geschweige denn Bomben.

Ungarns Regierung wolle die Schuld am Holocaust

allein auf Deutschland abwälzen, um die damals in Ungarn Verantwortlichen zu entlasten, suggeriere das Denkmal, das Ungarns Regierung zum 70. Jahrestag des deutschen Einmarschs in Ungarn vom 19. März 1944 plant. Eigentlich sollte es ein würdiges Gedenken an die 600.000 deportierten Juden im Land werden.

Bürgermeister Rogan beteuert wie sein Parteichef Orbán, dass das Denkmal notwendig sei. Es sei „allen Opfern" gewidmet, wie auf einer Inschrift zu lesen sein werde. Welche „Opfer"? Die Kritiker bemängeln, dass dies nicht präzisiert wird und dass Ungarn als Ganzes unrechtmäßig dieser Kategorie zugeordnet werde.

Denn weder Ungarns Armee noch die Bevölkerung haben damals Widerstand geleistet, sagen Historiker. Ministerpräsident Miklós Kállay (1887–1967) und Innenminister Ferenc Fischer-Keresztes wurden von der Gestapo verhaftet, da sie verdächtigt wurden, insgeheim mit den Alliierten verhandelt zu haben. Jedoch blieben neun Minister der früheren Regierung sowie Horthy im Amt, das Parlament tagte weiter.

Ungarns Regierung vertritt dagegen die Auffassung, dass das Land mit dem deutschen Einmarsch 1944 seine „Souveränität" verloren habe, so wie dies auch in der Präambel der seit 2012 gültigen Verfassung verankert sei. Diese Verfassung hatte Orbán mit der parlamentarischen Zweidrittelmehrheit seiner Partei Fidesz gegen den Willen der Opposition durchgesetzt.

Ungarn war allerdings schon länger mit dem Dritten Reich verbündet, als Hitler Anfang 1944 beschloss, das

Land zu besetzen. Berlin befürchtete damals, dass Ungarn angesichts der sich abzeichnenden Kriegsniederlage das Bündnis verlassen könnte. „Die deutsche Besatzung hat die Bewohner des Landes nicht in Fesseln gelegt, sondern es ermöglicht, dass die rechte Elite des Landes das Vermögen von fast 800.000 Menschen neu verteilt“, schreibt der Historiker Krisztián Ungváry.

Die Deportation der ungarischen Juden in Konzentrationslager, die zum größten Teil im Sommer 1944 erfolgte, wäre ohne die aktive Mithilfe des damaligen ungarischen Staats nicht möglich gewesen. Antisemitische Gesetze gab es in Ungarn lange vor 1944.

Ein ganz anderes Monument erinnert seit Jänner 2014 an die Befreiung von der kommunistischen Diktatur:

An der österreichisch-ungarischen Grenze, wo der damalige Außenminister Alois Mock und sein Amtskollege Gyula Horn am 27. Juni 1989 den Stacheldrahtzaun des Eisernen Vorhangs durchschnitten, ist im Beisein von Vertretern beider Länder ein Denkmal enthüllt worden. Der Ort an der Grenze steht nach dem damaligen Zusammenbruch der kommunistischen Systeme für Ungarn und für Europa nach jahrzehntelanger Teilung in Ost und West symbolisch für den Beginn einer neuen Ära der Freiheit.

„Die friedliche Wende des Jahres 1989 war der große Triumph der Bürgerinnen und Bürger in den ehemaligen Ostblock-Staaten“, erklärte dazu Außenminister Michael Spindelegger (ÖVP) in einer Aussendung. Wachtürme und Stacheldraht gehörten der Vergangenheit an, das Wissen darüber müsse aber der Jugend vermittelt werden.

Das Denkmal stand bisher an der Stelle des „Paneuropäischen Picknicks" in der Nähe von Sopron, das am 19. August 1989 abgehalten wurde. Während der als Friedenskundgebung geplanten Veranstaltung durchbrachen rund 600 als Touristen nach Ungarn eingereiste DDR-Bürger plötzlich ein Grenztor und flüchteten nach Österreich. Das Ereignis gilt als wichtiger Schritt auf dem Weg zum Fall des Eisernen Vorhangs. Dass die Verbundenheit mit den alten Landsleuten den Untergang des gemeinsamen Dachs der Monarchie überdauert hatte, erwies schon die Reaktion der Österreicher auf die Ereignisse des Jahres 1956 …

DIE ACHSE ÖSTERREICH-UNGARN

Die Achse Österreich-Ungarn hielt vor allem im Kleinen. Im Oktober 1956 brachte der Wiener Karl Scheichbrein mit seinem Privatauto unentgeltlich Blutkonserven und Medikamente ins aufständische Ungarn. Bis ihn die Sowjets einholten. 1991 fuhr er die Strecke zum zweiten Mal …

„… *Wir sind jetzt einige Kilometer weiter südlich gefahren, bis an die Grenze von St. Gotthard. Wir stehen hier im Niemandsland von Österreich und Ungarn. Und wir erleben hier einen erregenden Augenblick … Jetzt seh' ich eine große Menschenmenge jenseits des Bahndammes vorüberziehen. Sie tragen an der Spitze ungarische Fahnen – rot, weiß, grün … Es werden immer mehr Menschen, die da aus dieser Enge herauskommen, die ich von hier aus überblicken kann …*"

Immer eindringlicher klingt die Stimme des österreichischen Radioreporters. „Ja, genauso war's. Das habe ich '56 im Radio gehört", sagt der alte Herr und presst den Tabak mit seinem Finger fest in die Pfeife. Aus dem Kassettendeck des Autoradios quengelt die Tonkonserve einer 35 Jahre alten Radiosendung. Der Daumen bleibt im Tabak, die Pfeife kalt. Für Karl Scheichbrein ist jetzt nicht die Zeit zu rauchen, sondern zu lauschen, sich zu erinnern. An das Jahr 1956, das erste in völliger Freiheit. Freilich nur für Österreich. Viele Nachbarländer sind als Sowjetsatelliten hinter dem Eisernen Vorhang verschwunden. Nachdem sich die Polen Anfang Oktober vom Stalinismus freimachten und in der „DDR" drei Jahre zuvor der Aufstand immerhin geprobt worden ist, wittern die Moderaten in Ungarn eine leichte Freiheitsbrise. Da ist in Österreich gerade vieles auf dem Weg: Herbert von Karajan an die Spitze der Salzburger Festspiele, Franz König ins Amt des Wiener Erzbischofs, Bundeskanzler Julius Raab zum Staatsbesuch nach Bonn und der Wiener Karl Scheichbrein in sein 40. Lebensjahr.

Fahrt in die Vergangenheit

24. Oktober 1956

„… Ein kalter und klarer Morgen liegt über Budapest, und die Sonne versucht sich Bahn zu brechen in dieser Stadt, die gespenstisch noch aussieht, gerade am frühen hellen Morgen. Der Nebel scheint nicht aus den Straßen herauszugehen. Budapest arbeitet noch nicht, es wird nach wie vor gestreikt, die Straßen sind voll von Menschen, die Wagen der Revolutionskomitees preschen noch immer mit bewaffneten Milizsoldaten auf den Bürgersteigen entlang, auf den zerstörten

Zahlt Krankenkasse nicht für Grippeimpfungen?

Neuer KURIER

ÖSTERREICHS GRÖSSTE UNABHÄNGIGE TAGESZEITUNG

Atomhaus im Prater?

Am ersten Jahrestag der ungarischen Revolution

In Budapest: Angst vor neuer Erhebung
In Prag: Demonstrationen und Unruhe

Heute vor einem Jahr in den Straßen von Budapest

Boulevards. Und hier an einer Ecke Budapests – ich weiß den Namen nicht mehr, es ist ein ungarischer Name, den man schwer behalten kann –, hier haben sie die Reste des Stalin-Denkmals hergeschleppt, und da sind die Budapester Bürger dabei, mit Sägen und mit Feilen das, was von diesem Stalin-Denkmal übrig ist, zu zersägen und zu zerschlagen … Man muss die Menschen bei der Arbeit sehen, sie machen das mit einer fanatischen Begeisterung – das ist kein Spiel, den Menschen ist es ernst dabei, sie möchten auf diese Art und Weise ihre Meinung zum Ausdruck bringen, dass es nun ein für allemal vorbei ist mit der Stalin-Ära in Budapest …"

Feuerwehr, Rotes Kreuz, Zollbeamte am Schlagbaum in Nickelsdorf. Ratlos schauen die Österreicher hinüber nach Ungarn. Unter ihnen Karl Scheichbrein, Vertreter einer Firma für „Bleche en Gros" für Niederösterreich und Burgenland auf der Durchfahrt. Die kommunistische Sicherheitspolizei hat das Feuer auf die Demonstranten eröffnet, hört man erzählen. „Die armen Ungarn!", jammert ein Feuerwehrmann. „Und keiner hilft ihnen!" Ein Wagen des Deutschen Roten Kreuzes kommt. Er hat Blutkonserven geladen. „Fahren Sie doch hinüber! Da werden Sie gebraucht!", ruft Scheichbrein dem Fahrer zu. Der weigert sich. Ist ihm wohl zu gefährlich. „Dann geben Sie die Blutkonserven mir!", sagt Scheichbrein. Sein VW-Käfer wird vollgeladen.

Genau 35 Jahre später, Ende Oktober 1991, passiere ich mit Karl Scheichbrein abermals die Grenze bei Hegyeshalom/Nickelsdorf. Die Ladung diesmal: schmales Gepäck, Kassetten mit Radioreportagen von damals und jede Menge Erinnerungen. Scheichbrein ist seither nie mehr in Ungarn gewesen.

Der VW mit den Blutkonserven erreicht das ungarische Zollhäuschen. „Großartig! Hast du noch mehr davon?" Der Kommandant der Zollwache küsst Scheichbrein auf beide Wangen. „Du bist ein guter Freund!" Dreimal fährt der VW durch das Niemandsland und liefert Blutkonserven. „Lieber Freund, es ist besser, du fährst gleich weiter nach Györ ins Krankenhaus." In Györ, der alten Stadt Raab, soll es schon 70 Tote und unzählige Verwundete geben. Scheichbrein hat keinerlei Papiere bei sich. Der Kommandant gibt ihm einen seiner Leute mit, einen Zöllner, der zum Milizionär der Revolution geworden ist. Er nimmt am Beifahrersitz Platz, eine MP zwischen die Beine geklemmt.

Mittlerweile haben die Aufrufe des Roten Kreuzes Erfolg gehabt. In Österreich bilden sich Warteschlangen vor den Blutspendestellen, Menschen kaufen und spenden Medikamente, Morphium, Verbandszeug. Begeisterung beim Reporter: *„Wir sehen also: Nicht nur große Organisationen, sondern jeder Einzelne denkt an das Nachbarland Ungarn ..."*

Von Györ nach Komorn

Auf der Straße nach Györ winken die Menschen jedem Auto mit österreichischem Kennzeichen zu. „Wir grüßen alle Österreicher! Schönen Dank!“, ruft ein Mann ins Radiomikrofon. Am selben Tag, als Scheichbrein auf dieser Straße unterwegs ist, stößt von der Gegenrichtung die Rote Armee gegen Budapest vor. „Denken wir daran, wie viele Menschen in unserer ehemaligen Schwesterstadt Budapest, wo der Kampf brennt, jetzt viel lieber 180 Kilometer weiter westlich wären.“ Österreich sitzt gebannt vor den Radiogeräten.

„Viel hat sich nicht verändert, nur die Straße ist breiter geworden“, meint Karl Scheichbrein. Ich reiche ihm ein Streichholz – seine Pfeife ist ausgegangen.

Noch zweimal fährt er an ein und demselben Tag zwischen der Grenze und Györ hin und her, stets schwer beladen. Dann die Bitte: „Fahren Sie doch nach Komorn. Dort sind die Kämpfe noch härter, die Not noch größer.“

Zurück in Wien, Blutkonserven nachfassen. Das Rote Kreuz verweigert Scheichbrein vorerst den Berechtigungsausweis für Transportfahrten. Er ist kein Mitglied des Roten Kreuzes.

„In der Zwischenzeit bin ich's geworden", lacht der alte Herr.

Trotz aller Widrigkeiten fahren Scheichbrein und zwei andere Männer mit einem VW-Bus und zwei VW-Käfern von Wien aus los. Sie vereinbaren, einander am nächsten Tag um zehn Uhr vormittags in Komorn zu treffen. Die Ausfallstraße, der Rennweg, ist an diesem Tag heillos verstopft. An Scheichbreins Wagen versucht sich ein Polizist auf einem Motorrad vorbeizuschummeln. „Können Sie mir nicht helfen? Ich muss dringend mit einer Hilfslieferung nach Ungarn!" – „Lieber Herr, wie soll ich Ihnen helfen? Ich habe keinen Auftrag." – „Sie, lieber Herr, glauben Sie etwa, *ich* habe einen Auftrag, Blutkonserven nach Ungarn zu bringen?!" Kurzes Nachdenken, dann lotst die „Weiße Maus" den Käfer mit Folgetonhorn an der Kolonne vorbei bis zum Zentralfriedhof und hinaus aus dem Stau.

Es dauert eine Weile, ehe wir in Komorn das kleine Spital wiederfinden. Karl Scheichbrein ist 73 Jahre alt und besitzt ein hervorragendes Erinnerungsvermögen, aber nach so langer Zeit … Wir sind nicht angemeldet. Warum wir hier sind, können wir dem Portier des Spitals nicht klarmachen, und so genau wissen wir selbst nicht, was wir hier zu finden glauben. Im ganzen Haus spricht niemand Deutsch oder Englisch. Man holt einen Oberarzt, einen älteren Herrn. Staunen! Er erkennt Scheichbrein und der ihn. Sie fallen einander in die Arme. Es ist derselbe Mediziner, der 35 Jahre zuvor als junger Assistenzarzt die Blutkonserven entgegengenommen hat.

„Alle Seiten haben wir hier beherbergt und gepflegt“, schildert Dr. Joszef Szendrenyi, „Russen, Ungarn, Kommunisten, Aufständische – sogar zwei Sekretäre von Kardinal Mindszenty.“ Da erinnert sich Scheichbrein, dass ihn bei einer seiner Fahrten an der österreichischen Grenze ein katholischer Monsignore angefleht hat, Mindszenty und den Fürsten Esterházy zu suchen, zu befreien und nach Österreich zu bringen. Nicht der einzige unerfüllte Wunsch in jenen Tagen.

Dr. Szendrenyi erzählt von der bei Ungarn wie Russen beliebten Krankenschwester, die draußen vor dem Spital zu Fall kam und von einem Panzer nach dem anderen überrollt wurde – solange, bis Szendrenyi ihren Körper barg und an eine Wand lehnte; und von seinem Kollegen, der, zu einer Geburt gerufen, beim Überqueren der Straße tödlich getroffen wurde, in die Knie sank und stundenlang in dieser Stellung blieb.

Budapest

Anfang November

„Am frühen Morgen ist Budapest ein richtiger Ameisenhaufen … Die Menschen kommen jetzt auf die Straße, um zu sehen, was passiert. Fahrzeuge fahren kreuz und quer. Lautsprecher sind aufgestellt, und eine Sprecherin fordert gerade, alle politischen Gefangenen freizulassen – es sind über 20.000. Die Budapester sind frei. Es ist keine überschäumende Freude, aber sie wissen, dass sie nun ihr Schicksal frei bestimmen können …"

In der Hauptstadt wird am dringendsten Hilfe gebraucht. Karl Scheichbrein ist auf dem Weg nach Budapest. „Fahr hin und such einen Bekannten von mir!“, hat ihn ein Apotheker gebeten, einen Kontaktmann genannt und ihm um zwei Uhr nachts im Wiener Café „Attaché“ Medikamente und Zigaretten übergeben. Um vier Uhr morgens wird der VW-Käfer auf dem Weg nach Budapest von einer Patrouille mit Rotlicht rüde angehalten. Scheichbrein wundert sich. Bisher sind alle Milizionäre an den Straßensperren freundlich gewesen. Als die Soldaten sehen, dass er nur Medikamente und keine Waffen geladen hat, lassen sie ihn weiterfahren. Scheichbrein gibt Gas und beeilt sich weiterzukommen. Trotz der Dunkelheit kann er sehen, dass es bereits eine russische Patrouille war, die er hier passiert hat.

In Budapest dräut schon der Morgen, als der Österreicher eintrifft. Abgerissene Lichtleitungen und Straßenbahnoberleitungen auf dem Boden, Splitter von Geschoßen und Glas übersäen die aufgebrochenen Straßen.

„Ich betrachte es rückblickend als Wunder, dass ich auf dieser Fahrt keinen einzigen Platten gehabt habe“, sinniert Karl Scheichbrein. 1991 stehen wir vor einem Gebäude, das 1956 das Haus der Kommunistischen Partei war und lichterloh brannte. Nebenan wohnte der vom Wiener Apotheker benannte Kontaktmann, dem Scheichbrein rasch seine Wagenladung zur Verteilung übergab. Ein Zug an der Pfeife, ein Blick nach oben.

„Heute ist das so friedlich hier. Ich komme mir direkt vor wie in Wien.“

Rennen, flüchten

Schon als er den Rückweg antritt, weiß Scheichbrein, dass ihn die Russen Richtung Westen überholt haben. Ohne taugliche Papiere ist er mit einem österreichischen Auto durch Bürgerkriegsgebiet unterwegs, das gerade von einer fremden Macht besetzt wird. Er atmet tief auf, als er Hegyeshalom erreicht, ohne angehalten worden zu sein. Dort ist freilich Endstation. Ungarische Zöllner mit roten Armbinden richten ihre Waffen auf ihn und nehmen ihn fest. Er wird dem Kommandanten übergeben. Scheichbrein staunt – es ist jener Milizionär, der ihn bei seiner ersten Fahrt nach Györ begleitet hat. Nur die Farbe seiner Armbinde hat sich geändert.

„Zusammen sind wir in das Amtshaus gegangen, und er sagte zu mir:

‚Beruhig dich, lieber Freund, ich krieg dich hier schon wieder los.' Wir gingen in den ersten Stock, in das sogenannte Vernehmungszimmer. An dessen Tür gingen wir allerdings vorbei und am Ende des langen Ganges wieder über eine Stiege hinunter. Er begleitete mich noch zum Haustor und sagte: ‚Da steht dein Wagen! Steig schnell ein und verschwinde!' Diesen Rat habe ich auch postwendend befolgt, und das war mein Glück."

5. November: Alles ist zu Ende
Ströme von Flüchtlingen ergießen sich über die Grenze nach Österreich.
Starjournalist Heinz Fischer-Karwin spricht für „Radio Wien" eine letzte Reportage ins Mikrofon.

„Unbeschreibliche Szenen haben sich in den letzten Stunden vor dem Zollamt von Klingenbach abgespielt. Menschen, die hier eintrafen, Menschen aus allen Schichten, von Universitätsprofessoren zu Landarbeitern, Fabrikarbeitern und Eisenbahnern, die in den verschiedensten Fahrzeugen hier ankamen. Manche mit Nahrungsmitteln in großen Säcken, andere wieder, die gierig ihre Hand ausstreckten nach der Semmel und dem kleinen Wafferl, das die Rote-Kreuz-Schwester ihnen beim Übergang über die Grenze in den Wagen, in das Pferdefuhrwerk reichte. Es gehört wohl zu den erschütternden Erlebnissen eines Reporters, das alles hier mit ansehen zu müssen … Die Novembersonne senkt sich hinter den Hügeln, über denen ein leichter grauer Dunstschleier liegt. Wenn die Sonne wieder aufgeht hier an der ungarischen Grenze bei Klingenbach – welches Bild wird sich hier bieten?“

Karl Scheichbrein wird später eine Apothekerin heiraten und bleibt damit der Medikamentenbranche treu. Er stirbt Ende der 90er-Jahre. Denkmal hat er keines bekommen.

HERMANNSTADT

„In Transsilvanien messen die Uhren nicht die Zeit, sondern die Ewigkeit."
(Rumänisches Sprichwort)

1991 kam ich als junger Journalist mit 22 Jahren zum ersten Mal nach Siebenbürgen. Meine Reise galt den „Landlern" in den Dörfern bei Hermannstadt, Großpold, Großau und Neppendorf. Die Landler sind die Nachkommen der im 18. Jahrhundert aus dem Salzkammergut und aus Kärnten hierher zwangsumgesiedelten Protestanten.

Land und Leute beeindruckten mich tief. Eine zu jenem Zeitpunkt entstandene kleine siebenbürgische Elegie bringt meine damaligen Gefühle gut zum Ausdruck.

Kaum ist man wirklich da,
Als Kleinösterreicher,
Beginnt die Reise in unsere eigenen Dörfer.
Wie sie einmal gewesen sein müssen
In Nieder-, Ober- oder Sonstwoösterreich,
Damals im Jahr Siebzehnhundertachtzehnhundert;
Und man fragt sich,
Ob es nicht klüger wäre,
Gleich auf den Ochsenkarren da drüben umzusteigen,
Denn irgendwie
Will man ja gar nicht mehr weg von hier,
Und mit dem Auto
Kommt man höchstens
Nur wieder in die Gegenwart.
Die siebenbürgische Frage zum Tage:
Was, Bruder, taugt
Für dieses großartige Land
Als Vehikel in eine gute Zukunft?

Im Land der vielen Sprachen

Der europäischen Kulturhauptstadt 2007 Sibiu/Hermannstadt kann man sich in vielen dort gepflegten Sprachen nähern. Sehr nützlich, wenn man zumindest eineinhalb davon beherrscht.

Meine Geschichte beginnt nicht in der Stadt, sondern auf dem Land – im Dorf. Nein, auch nicht in den dörflichen Rändern von Hermannstadt, das ab 1150 als Hermannsdorf von flämischen und deutschen Einwanderern bevölkert wurde und das sehr bald zum zentralen Ort der

Deutschen im Südosten des aufstrebenden Königreichs Ungarn wurde, zur Hauptstadt der Sächsischen Nation, zu einem wohlhabenden Warenumschlagplatz zwischen Ost und West.

Meine Geschichte beginnt im Dorf Dobring, rumänisch Dobrica, und zwar im Jahr 1994.

Knappe fünf Jahre nach der Revolution bereiste ich wieder einmal Siebenbürgen, dieses Land, von dem selten Kriege ausgegangen, über das indes viele Kriege hinweggezogen sind. Auf Empfehlung meines siebenbürgenkundigen Freundes, des Soziologen Roland Girtler, war ich Gast der Familie Pitter, die in Großpold, einem Dorf nahe Hermannstadt, ihr bäuerliches Leben fristete, so wie ihre Vorfahren, die einst unter der strengen Maria Theresia aus den Erblanden (in diesem Fall aus Himmelberg in Kärnten) als hartnäckige Krypto-Protestanten in die evangelischen Gebiete Siebenbürgens transmigriert und den dort ansässigen lutherischen Sachsen zwangsaufgeladen wurden.

Nicht weit von Großpold entfernt, in Dobring, kam ich gerade an, als ein alter Sachse begraben wurde. Viele waren sie nicht mehr, die Sachsen von Dobring. Die Jungen nach Deutschland ausgewandert, die paar Alten allein zu Hause. Beim „Tränenbrot", dem Leichenschmaus im Innenhof eines Gehöfts, saßen sie alle beisammen und wünschten Ruhe hinab in das Grab ihres verstorbenen Verwandten. Mit zwei der sehr alten Männer kam ich ins Gespräch. Ja, freilich verstanden sie mein Schriftdeutsch, denn die evangelische Verkündigungssprache ist das Deutsch Luthers. Aber ein bisschen Mühe hatten sie schon, mir zu folgen. Da fiel mir ein, dass das Siebenbürgisch-Sächsische, diese Sprache der mittelalterlichen Einwanderer aus Luxemburg, aus den Gebieten an Rhein und Mosel einen mittelhochdeutschen Kern besaß. Fragmente einer solchen Sprache hatte auch ich einst erlernt, hatte mir mein Vater doch eine sehr kolloquiale Variante des „Jiddischen" beigebracht, also der Lingua franca seiner Mitbewohner in Wien-Brigittenau in den 20er- und 30er-Jahren.

Mittelhochdeutsch hilft weiter

Also sprach ich die beiden alten Sachsen in einer jiddischen Slangvariante galizischer Wien-Zuzügler der Zwischenkriegszeit an. Und siehe: Die Gesichter leuchteten, beide Herren lachten verblüfft, und die Kommunikation war einfacher geworden. Wohl eine der wenigen Gegenden auf der Welt, in der man Kern-Mittelhochdeutsch als Verständigungssprache gebrauchen kann, dachte ich.

So ist es eben in der Gegend rund um Hermannstadt, einer Stadt, in der seit dem Jahr 2000 der Deutsche Klaus Werner Johannis Bürgermeister von 170.000 Einwohnern ist, obwohl dort nur noch 2.000 der insgesamt 12.000 Siebenbürgendeutschen leben.

Ein ganzes Netz von deutschen Schulen überzieht nach wie vor das Land, fleißig von rumänischen Schülern besucht, die eine deutschsprachige Kultur fast ohne Deutsche am Leben erhalten – eine davon ist das Hermannstädter Brukenthal-Lyzeum. Das alles macht Hoffnung, denn die Nationalitätenkonflikte zwischen Rumänen, Ungarn, Deutschen und Roma sind noch lange nicht ausgestanden. In diesem Land gibt es kaum eine Nationalität, der nicht von mindestens einer der anderen im Lauf der Jahrhunderte Gewalt angetan worden wäre: Die Ungarn bügelten die anderen im 19. Jahrhundert mit ihrer Magyarisierungspolitik nieder und wollten vor allem die Rumänen mehr oder weniger zum ethnischen und sprachlichen Verschwinden bringen. Antonescus Gewaltstaat deportierte im Bund mit Hitlerdeutschland Hunderttausende rumänische Juden nach Transnistrien, wo mehr als 300.000 von ihnen bestialisch ermordet wurden oder anders umkamen. Die Sowjetrussen und rumänischen Kommunisten verschleppten die Deutschen in mörderische Zwangslager, wo viele zu Tode malträtiert wurden. Die Roma, Sinti oder Kalderasch wurden ohnehin immer verfolgt, vertrieben, deportiert und entwickelten ihrerseits vielfach Überlebensstrategien, die ihnen vor allem im Kommunismus zugute kamen; und Ceausescu wurde in seinem totalitären Cäsarenwahn nach und nach zum Feind seiner eigenen Bürger jedweder Nationalität.

Vielfalt trotz Menschenopfer

Das alles hat alleine im 20. Jahrhundert entsetzliche Menschenopfer gefordert, und wenn man die Verheerungen Siebenbürgens in den Jahrhunderten davor mit einbezieht, das blutige Wechselspiel zwischen dem alten Ungarn, Habsburg und den Osmanen, ist es ohnehin verwunderlich, dass hier noch eine Bevölkerung mit Kontinuität existiert. Von Hermann, Humbert, Eppo, Christian und Heldwin, den „alten Flanderern“, die 1196 Jahrzehnte nach der ersten Einladung des Arpadenkönigs Geisa II. ins Land kamen und Hermannsdorf gründeten, ist wahrscheinlich kein bekannter Nachfahre mehr am Leben.

„*Derhoim spreichen ech met menjer Mam saksesch end met menjem Pap duitsch*“, sagt eine junge Sächsin, die schon in Deutschland aufgewachsen ist, die alte Sprache immerhin noch kann, aber realistisch denkt. Sie findet es „*schuad, dot et boald ausstärwen wird …*“

Im Jahr 2007 war Sibiu allemal lebendig und hatte sich

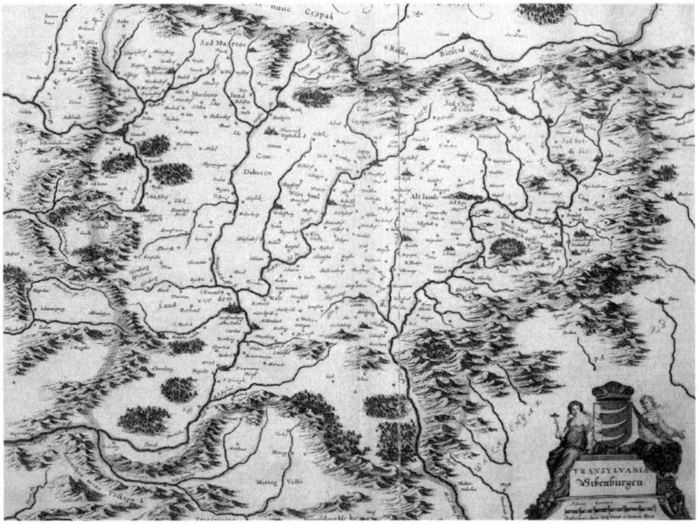

für die Zeit als Kulturhauptstadt wahrlich herausgeputzt. Mit ausländischer Hilfe, vor allem wieder aus Deutschland, sind alte Bausubstanz und die Stadtmauer restauriert worden. Hier kann man das älteste Museum Osteuropas besuchen, das der legendäre Samuel Freiherr von Brukenthal, Maria Theresias Gouverneur von Siebenbürgen (und als wahrscheinlich einziger Protestant auf ihrem Denkmal in Wien verewigt), 1790 geschaffen hat. Bereits 1817 wurde es der Öffentlichkeit zugänglich gemacht. Insgesamt zeugt das, was man von Hermannstadt heute sieht, von einer einst-

mals reichen Bürgerstadt. Wie Gespenster tauchen hier die Gestalten vergangener Zeiten aus dem Genius loci empor: der wackere Königsrichter Markus Pemflinger, der 1527 die Rechte der Stadt gegen den autokratischen Ungarnkönig Johann Zápolya durchsetzen wollte und als „Hochverräter" nur knapp mit dem Leben davonkam; der geniale Brukenthal, der das Land durch seine Steuerreform bleibend vor dem Bankrott rettete und zum größten Kunstmäzen Siebenbürgens wurde; und natürlich die vielen, vielen Namenlosen jedweder Nationalität, deren Leistungen und Leiden eine der buntesten Kulturlandschaften Osteuropas hervorbrachten. Nicht alle waren freiwillig ins Land gekommen.

Bärenjagd und Promotion

Nach den protestantischen Transmigranten aus Oberösterreich, Steiermark und Kärnten waren es auch gescheiterte 1848er-Revolutionäre, die von der habsburgischen Obrigkeit in den Südostzipfel ihres Herrschaftsgebiets abgeschoben wurden. Einer von ihnen, der Wiener Steinmetzgeselle Johann Christoph Eisenmenger, ist 21 Jahre alt, als er als Finanzwachebeamter eingezogen und nach Siebenbürgen versetzt wird. Seine Berichte klingen wie Schilderungen von Pionieren des Wilden Westens. Da holpert man auf Kutschen durch kaum urbares Gebiet und kämpft in den Dörfern gegen Bären, einheimische Gendarmen, also Sheriffs, und Banditen – ein „irreguläres Land", wie Eisenmenger befindet. Trotzdem bleibt er bis zu seinem Tod 1903 in Siebenbürgen.

Sein 1871 geborener Sohn Rudolf Eisenmenger erfindet als junger Arzt einen „Biomotor", der vielen Menschen, die an Atemlähmung leiden, das Leben retten wird. Rudolfs Schulzeugnisse sprechen Bände: Die ersten drei Volksschulzeugnisse sind in rumänischer Sprache abgefasst (in der griechisch-katholischen Normalschule in Blasendorf lernt er Rumänisch, Deutsch und Ungarisch – und das ab der ersten Klasse). Die vierte Klasse der Volksschule und die ersten drei Jahre des Gymnasiums absolviert Rudolf in Schäßburg, die Zeugnisse: in deutscher Sprache. Nach drei Jahren wechselt er erneut, diesmal an das reformierte Gymnasium in Broos. Das Zeugnis: in ungarischer Sprache, so auch das Maturazeugnis.

Rudolf Eisenmenger promoviert schließlich an der Universität Klausenburg im Alter von 24 Jahren. Die Sprache: Latein.

Ein Siebenbürger Schicksal – so schafft man Männer von Welt. Vielleicht war Hermannstadt, die Metropole des alten Siebenbürgen, gerade deshalb eine besonders würdige europäische Kulturhauptstadt. „Hermannstadt hat seit seiner politischen Wende eine verheißungsvolle Entwicklung von einer vergessenen Provinzstadt hin zu einem pulsierenden Kultur- und Wissenschaftsstandort genommen", befindet Harald Roth, wissenschaftlicher Leiter des Siebenbürgen-Instituts an der Universität Heidelberg, in seinem Buch über Sibiu. Eine optimistische Einschätzung. Genau das, was Land und Leute dringend brauchen.

KLAUSENBURG UND KRONSTADT

Es ist ein kalter Herbstmorgen 2004 in Cluj-Napoca/Klausenburg. Ich habe am Beifahrersitz des Wagens von Professor Willi Gräf Platz genommen, wir fahren quer durch die Stadt in Richtung Universität.

Ab in die Vorlesung!

Ich bin als Rezitator engagiert. Um acht Uhr früh soll ich einem vollbesetzten Hörsaal von erstsemestrigen Studentinnen und Studenten der Wirtschaft (!) eineinhalb Stunden lang österreichische Literatur näherbringen. „Das klappt niemals!“, äußere ich Zweifel, doch Professor Gräf, ein Donauschwabe, lächelt nur verschmitzt …

Zehn Uhr. Ich bin verblüfft. Eine Stecknadel hätte man fallen hören können. Ich habe den jungen Studierenden „Die Eroberung von Byzanz“ aus den „Sternstunden der Menschheit“ vorgetragen. Die ergreifende Geschichte des Falls von Konstantinopel 1453 in den Worten des großen österreichischen Erzählers Stefan Zweig. In Wien hätte ich damit in ähnlicher Gesellschaft keine Viertelstunde Aufmerksamkeit bekommen – schon alleine deshalb, weil dort keiner mehr im Deutschunterricht etwas von Stefan Zweig gehört hat. „Natürlich kennen unsere Studenten Stefan Zweig!“, lacht Professor Gräf, „haben sie ja alles an den deutschen Schulen gelernt.“

Von deutschen Siedlern im 13. Jahrhundert an den Ufern des Kleinen Samosch erbaut, entwickelte sich Klausenburg zu einem der Hauptorte und zeitweilig zu einer der Hauptstädte Siebenbürgens. Zwischen Magyaren, Rumänen und Siebenbürger Sachsen vollzog sich hier im Kleinen, was an Zusammenleben und Konflikten das ganze Karpatenland erduldete und erlitt. Mithin ergreifend, wie diese Stadt alle Stürme überstanden hat. Heute studiert man an der zweitgrößten Universität Rumäniens in drei Sprachen. Die Babeş-Bolyai-Universität bietet Lehrveranstaltungen auf Rumänisch, Ungarisch und Deutsch an.

Trotzdem gab es zwischendurch einmal einen rumänisch-nationalistischen Bürgermeister, der sogar die städtischen Mistkübel in den Farben der rumänischen Trikolore streichen ließ. Gerade dort, im von Ceausescu mit dem alt-römischen Zusatz „Napoca" versehenen Ort Cluj, sollte die „dako-romanische" Kontinuitätstheorie Ausdruck finden, die eine direkte ethnische und kulturelle Linie von den Römern zu den heutigen Rumänen zieht. Sie ist wissenschaftlich genauso wenig tragfähig wie die Tangente der brodelnden alten Germanen aus dem Teutoburger Wald auf ihren Bärenhäuten zu den modernen Wohlstands-Deutschen oder die der unmittelbaren Verwandtschaft satter Budapester Bürger zu Attilas Hunnenschar oder die der zwingenden Pflicht zur Blutrache serbischer Halbstarker gegen Moslems wegen der mittelalterlichen Schlacht auf dem Amselfeld …

Frühling in Kronstadt

26. Mai 1846. Die Kirschgartenlaube auf der Postwiese blüht in allen Farben. Max Moltke sitzt auf einer kleinen Holzbank und lässt sich von jenen Musen küssen, die seine Zeit beherrschen – schwärmerische Verklärung der Freiheit und Brüderlichkeit, Welt- und Menschenliebe in einem. Der 22-jährige Buchhändlergehilfe dichtet an diesem Tag eine Hymne, die von allen Siebenbürgern gesungen werden soll, so wünscht er sich …

„Siebenbürgen, Land des Segens,
Land der Fülle und der Kraft,
mit dem Gürtel der Karpaten
um das grüne Kleid der Saaten,
Land voll Gold und Rebensaft!"

Niemals hätten sich die früheren Bewohner von Kronstadt träumen lassen, dass ihre umkämpfte Grenzstadt im äußersten Zipfel des „Burzenlandes" einmal den geographischen Mittelpunkt eines Staates bilden würde. Und doch ist es so: Die Hauptstadt des Kreises Braşov markiert den Südteil Siebenbürgens und den Mittelpunkt des heutigen Rumänien. Ihr Wahrzeichen ist die „Schwarze Kirche", eine gotische

Hallenkirche, deren Bau 1385 begann und fast ein Jahrhundert dauerte. Johannes Honter, Reformator Siebenbürgens, war hier Stadtpfarrer, weshalb sie auch die erste lutherische Kirche Siebenbürgens wurde. Quasi die erste evangelische Hauptstadt eines späteren österreichischen Territoriums.

UNTER DER WENZELSKRONE

Der Luxemburger (später römisch-deutsche Kaiser) Karl VI. ließ sie anlässlich seiner Krönung zum König von Böhmen anfertigen und die dem Landespatron, dem Heiligen Wenzel, gewidmete Krone im Veitsdom aufbewahren. Später trugen sie die Habsburger und machten sie so zu einer der imperialen Kopfbedeckungen des „Hauses Österreich". Unter der böhmischen Krone vereinigten sich darüber hinaus noch Mähren, (Österreichisch-)Schlesien und einige kleinere Gebiete.

PRAG

Der sagenhafte Rabbi Löw formte hier aus Lehm seinen Golem, und der höchst reale Herrscher Přemysl Ottokar II. machte die Stadt zur königlichen Residenz. Seine erste Prager Neustadt wurde später auf Kleinseite umgetauft. Der Habsburger Rudolf II. befriedigte dort seine pittoresken Gelüste nach den letzten Weltgeheimnissen, Astrologie und Alchemie. Prags zauberhaftes Geschick erfüllte sich schließlich, als Dichter und Denker wie Kafka, Brod und Rilke ihren Geist versprühten.

Die großartigste Kleinseite der Welt feiert Feste

Zu Beginn der 90er-Jahre war die schöne Stadt Prag ziemlich abrupt aus ihrem Ostblockschlaf erwacht und begann, Feste zu feiern. Nicht nur die politischen, auch die Einrichtungen der Hochkultur verwestlichten sich. Folglich wurde aus dem Smetana-Theater die Staatsoper Prag, die 1992 zum ersten Mal einen Opernball ausrichtete. Es tanzten illustre Gäste wie der Schlagersänger Karel Gott oder die Millionärsgattin Ivana Trump. Doch brauchte ein Opernball, der etwas auf sich hielt – wie sein Wiener Vorbild –, unbedingt eine Gegendemonstration. Also fand sich trotz eisiger Kälte ein Häuflein zerlumpter und vermummter Gestalten vor der Staatsoper ein. Der zufällig anwesende Reporter des österreichischen Rundfunks mischte sich unters Völkchen und begann, ein wenig mit einem jungen Mann zu plaudern, der eben noch in ein Megaphon allerlei Parolen unbeugsamen Klassenkampfes skandiert hatte. Er war im Gegensatz zu seiner Entourage ein ausgesprochen gepflegter Bube – dem Anlass entsprechend schwarz gekleidet, wenn auch in Jeansstoff und nicht in Seide. Und er überreichte dem verdatterten Reporter eine feingerissene Visitenkarte mit der Aufschrift: „Karl von Krcek – Anarchist".

So streng warn dort die Bräuche …
Noblen Anarchisten gingen verwegene Alchimisten voran.

Hauptstadt der Esoterik

In Laboratorien zwischen Rauch und Gas experimentierten die Alchimisten in Prag schon seit dem 15. Jahrhundert rund um die Herstellung von Gold und den Stein der Weisen. Aus ganz Europa kamen sie in der Goldenen Stadt zusammen, auch Oswald Crollius, einer der bedeutendsten Schüler des Paracelsus. Ihr Hochprotektor war eindeutig Kaiser Rudolf II. Zu Crollius, der in seiner „Basilica Chymica" die Lehre vertrat, dass jedes Lebewesen seinen eigenen Stern oder sogar seinen eigenen Himmel hat, hatte Rudolf allerdings ein gestörtes Verhältnis. Tatsächlich stellte sich nach dem Tod des Alchimisten auch heraus, dass er ein protestantischer Spion gewesen war. Damit war er nicht allein, auch der berühmte Magier John Dee weilte in Prag und unterschrieb seine Briefe an die englische Königin

mit dem späteren James-Bond-Kürzel 007. Welche Geheimnisse sie alle transportierten oder verrieten, war allerdings unklar. Hauptstadt geheimnisvoller Zustände blieb die Stadt jedenfalls.

Die Angst vor geheimen Gesellschaften wurde im 18. Jahrhundert schließlich so groß, dass gegen eine Prager Alchimistengesellschaft namens „Societas aureae cruciferae rosae", ein Rosenkreuzerverein, 1763 wegen „unerlaubter Herstellung von Gold" Anklage erhoben wurde und einige ihrer Mitglieder mit sechs Jahren Kerker in der Festung Spielberg bei Brünn bestraft wurden. Die darauf folgende Hysterie ließ 1766 die Angst vor einem „Freimaureraufstand" wachsen. Die Persekutionen der Geheimpolizei trafen allerdings keine Verschwörer, sondern die Loge „Zu den drei Säulen" des Urvaters der böhmischen Freimaurerei Franz Anton von Sporck, der die Loge für drei Jahre stilllegen musste.

Unfrieden

Der tschechische Reformator Jan Hus wurde von dem nicht gerade mit politischem Talent begabten König Wenzel IV. 1409 als Rektor der Prager Karls-Universität eingesetzt. Kaiser Sigismund hatte dem religiösen Unruhestifter freies Geleit zugesichert, was nicht eingehalten

wurde und Hus 1415 in Konstanz als Ketzer auf den Scheiterhaufen brachte. Seine Lehre, die in Böhmen zahlreiche Anhänger fand, hatte nicht nur religiösen Inhalt, sondern auch nationalen und sozialen Sprengstoff und war vor allem gegen die (katholischen) Deutschen gerichtet. 1419 wurden Bürgermeister und Räte von verhetzten Volksmassen aus dem Fenster des Prager Rathauses geworfen. Das war der „Erste Prager Fenstersturz", der die Hussitenkriege von 1420–1434 auslöste.

Der Schlachtruf der Hussiten war: „Smrt Němcům", Tod den Deutschen. Die Heere der Hussiten zogen plündernd, sengend und mordend durch Böhmen und Mähren, Ungarn, Bayern, Schlesien und Brandenburg. Es war wohl kein Zufall, dass 200 Jahre danach der Dreißigjährige Krieg hier im Zuge des zweiten „Prager Fenstersturzes", einer Eskalation zwischen den protestantischen Ständen und den Beamten des katholischen Königs und Kaisers, ihren Ausgangspunkt nahm. 1620 wurde bei der Schlacht am Weißen Berg der gesamte stolze protestantische Adel getötet, wovon sich die böhmische Nation niemals erholte.

Erst um die Mitte des 19. Jahrhunderts wurde Prag durch Zuzug aus dem Umland zur mehrheitlich tschechischen Stadt, was sich unter anderem dadurch ausdrückte, dass zusätzlich zur ältesten deutschen Universität (gegründet 1348) eine tschechische errichtet wurde. Prag war gerade auf akademischem Boden Schauplatz der wüstesten Nationalitätenkonflikte. Egon Erwin Kisch, der „rasende Reporter" aus Prag, sollte die Umstände des verrückten Nationalismus 1938 aus dem Exil auf die Schaufel nehmen: *„Mir kann eigentlich nichts passieren. Ich bin ein Deutscher. Ich bin ein Tscheche. Ich bin ein Jud. Ich bin aus gutem Hause. Ich bin Kommunist. Ich bin Corpsbursch. Etwas davon hilft mir immer."*

Prag wurde 1945 von den Deutschen bis zuletzt gehalten, den berüchtigten stellvertretenden NS-Reichsprotektor von Böhmen und Mähren Reinhard Heydrich hatten tschechoslowakische Attentäter schon 1942 beseitigt.

Der Prager Frühling von 1968 machte die Metropole der CSSR zu einer Welt-Hauptstadt der Erwartungen in einen „Sozialismus mit menschlichem Antlitz".

Mit Alexander Dubčeks Fall scheiterte diese Hoffnung für lange Zeit. Einzig mit Václav Havel zog erstmals ein Humanist auf den Hradschin ein. Heute verströmt die Stadt wieder das Flair einer k. u. k. Metropole, trotz verhaltensorigineller Politiker an der Spitze des Staates. Aber so etwas kennt der gelernte Mitteleuropäer ja auch von anderen Nachfolgeländern Altösterreichs. Inklusive dem Erbland des erlauchten Namens selbst.

Fall des Eisernen Vorhangs: Das offizielle Österreich blieb passiv

So wie demokratisch gewählte österreichische Politiker auch noch bis heute merkwürdige Sympathien für Diktatoren oder deren nach Korruption und Gewalt riechende Nachfolger mit seltsamen Ideologien erkennen lassen, so passiv verhielt sich der Großteil des offiziellen Österreich, als der Eiserne Vorhang 1989 zu bröckeln begann.

Erhard Busek, ÖVP-Ex-Vizekanzler, hat dem APA-Journalisten Stefan Vospernik dazu 25 Jahre danach ein bemerkenswertes Interview gegeben.

„Der Westen war bis zuletzt auf einer Linie des Arrangements“ mit den kommunistischen Regimes. Er selbst sei kritisiert worden, weil er sich vor der Wende für die Dissidenten engagiert habe.

„Wenn sich der Westen heute einbildet, dass er das bewirkt hat, dann irrt er.“ Ihm selbst sei immer gesagt worden, dass er mit seiner Unterstützung der Dissidenten die Wirtschaft gefährde, erinnert sich Busek. Die Menschen in Osteuropa hätten „sich selbst befreit“.

Busek hatte sich seit dem Prager Frühling 1968 für Dissidentengruppen in der Tschechoslowakei, Polen, Ungarn und Jugoslawien eingesetzt. Beim Gründungskongress der polnischen Gewerkschaft Solidarność Anfang der 1980er-Jahre habe er gespürt, „da kommt so viel von unten“, dies würde das Regime nicht mehr bändigen können. In der Folge habe er dann die „Rostlöcher im Eisernen Vorhang“ benützt, um die Dissidenten zu unterstützen. Am liberalsten sei damals übrigens Ungarn gewesen. „Eine Ironie“ im Hinblick auf die jetzige politische Situation.

Den Zusammenbruch des Ostblocks habe er dennoch nicht erwartet. „Ich habe nicht zu jenen gehört, die dachten, dass das Ganze 1989 wie ein Kartenhaus zusammenbricht“, sagt Busek. Er verweist in diesem Zusammenhang auf Botschafterberichte, in denen noch wenige Wochen vor der Bildung der ersten demokratischen Regierung in Polen von einem „Kommunismus auf ewig“ ausgegangen worden sei.

Entsprechend umstritten war auch Buseks Engagement für die Dissidenten. „Es gab Botschafter, die mir sehr deutlich gesagt haben: Sie schaden Österreich, weil Sie diese Gruppen unterstützen.“ Seine Gegenfrage sei damals gewesen: „Wie ernst nehmen Sie Demokratie?“

Kritisch äußert sich Busek auch zur Rolle des damaligen Bundeskanzlers Franz Vranitzky (SPÖ). Dieser habe kurz vor dem Zusammenbruch des Ostblocks „reihenweise die kommunistischen Regierungschefs besucht“, in Prag aber ein Treffen mit dem Dissidenten und späteren Präsidenten Václav Havel verweigert. „Wir haben später immer den Witz gemacht: Wem der Vranitzky die Hand gegeben hat, der war dann binnen kurzer Zeit weg“, so Busek, der aber auch seine eigene Partei nicht verschont. ÖVP-Chef Alois Mock habe damals auch keine Strategie als Außenminister gehabt. Er war eher „beunruhigt, dass sich das destabilisierend auf Österreich auswirkt“.

Nach der Wende habe der Westen dann in der Illusion gelebt, „wenn die jetzt Wahlen haben und politische Parteien bilden, dann passt das“. Tatsächlich brauche es aber einen gesellschaftlichen Hintergrund zum Aufbau der Demokratie. Auch die damalige Europäische Gemeinschaft sei nicht vorbereitet gewesen auf die Aufnahme der postkommunistischen Staaten. Den besten Integrationsbeitrag habe die Wirtschaft geleistet.

„Die Politik war immer zögerlich und ist es immer noch“, sagt Busek mit Blick auf die jüngste Debatte über Armutszuwanderung in die alten EU-Staaten. „Dass wir das auch noch Jahre nach dem EU-Beitritt erleben, das ist lächerlich“, kritisiert der Ex-Politiker, der auch Präsident des Instituts für Donauraum und Mitteleuropa (IDM) ist.

Das Tempo der EU-Integration dieser Staaten sei „im Großen und Ganzen richtig“ gewesen, nur Bulgarien und Rumänien seien möglicherweise zu früh aufgenommen worden. Allerdings seien die Beitrittskriterien in einigen Bereichen „zu schwammig“ gewesen. „Den Slowenen durchgehen zu lassen, dass ausländische Firmen nicht investieren dürfen, war ein Fehler, den die Slowenen jetzt mit ihrer Wirtschaftskrise bezahlen“, sagt Busek.

In Summe zieht der frühere ÖVP-Chef eine positive Bilanz der vergangenen 25 Jahre. „Der Zusammenbruch eines großen Imperiums wie der des Sowjetimperiums hätte in früheren Zeiten Kriege erzeugt.“ Dass es diese nicht gegeben habe, sei „eine ganz große Leistung dieser Länder“. Zwar seien sie unterschiedlich mit ihren Schwierigkeiten fertig geworden, aber Probleme gebe es auch innerhalb der alten EU. Auf die Frage nach einem Musterschüler will sich Busek nicht festlegen, „am ehesten noch

Polen“, das schon zwei Amtsperioden dieselbe Regierung habe, was ein Stabilitätszeichen sei. Doch seien nicht alle postkommunistischen Staaten auf einem schlechten Weg. In allen Staaten sei die Demokratie gefestigt, selbst in Ungarn.

Schade findet Busek, dass es Österreich bisher nicht gelungen ist, sich innerhalb der EU stärker mit seinen postkommunistischen Nachbarländern zu vernetzen. „Wir müssten uns mit den Tschechen, Polen, Slowaken und Ungarn zusammenfinden zu einer Gruppe innerhalb der EU“, fordert er. Dies sei aber nicht gelungen, „weil die Politik von den Ressentiments gegen die Nachbarn gelebt hat“. Immer noch falle es Österreich schwer, eine Partnerschaft auf Augenhöhe einzugehen. „Wir haben ein Superioritätsgefühl, wir gehen dorthin, wo wir ganz sicher wissen, dass wir besser sind.“

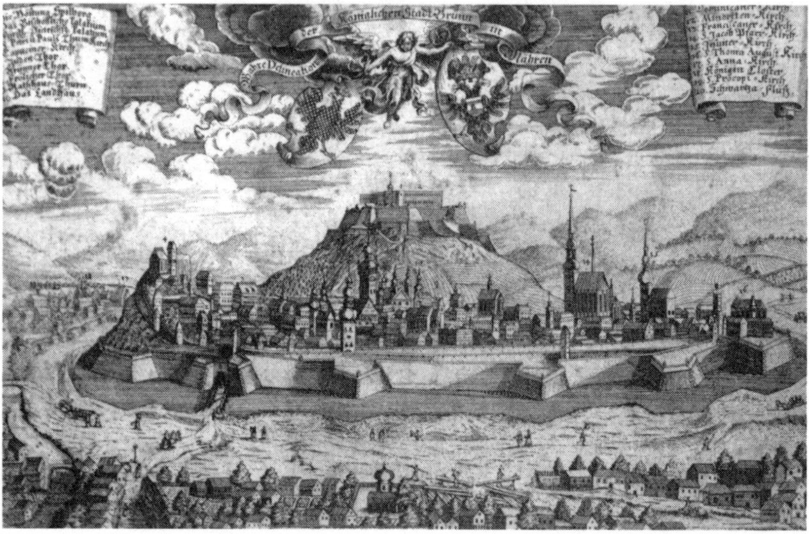

BRÜNN

Mitteleuropas Geburtsstation

Vom Ökonomen Eugen Böhm von Bawerk, dem Bühnenbildner Alfred Roller, der Sopranistin Maria Jeritza, dem Architekten Adolf Loos bis hin zum Kabarettisten Fritz Grünbaum brachte die mährische Metropole **Brünn** ganze Generationen von Geistesgrößen hervor. Bleibt die Frage, ob es mit dem fruchtbaren Klima oder der günstigen Lage Brünns im Habsburgerreich zu tun hat.

Auf dem Gebiet des vorgeschichtlichen Eburodunum entstand im 11. Jahrhundert eine stolze Burg. Die Hussiten belagerten im 15. Jahrhundert Brünn, wurden aber durch einen massiven Ausbruch der Verteidiger überrascht und in die Flucht geschlagen. Aber auch die Gegenreformation wütete hier: Der Oberste Gerichtshof unter dem Vorsitz von Kardinal Dietrichstein verurteilte über 24 Adelige und Bürger zum Tode. Güterkonfiskationen betrafen über 300 Personen und 135 Güter.

Von den Schweden wurde Brünn im Dreißigjährigen Krieg 1643 zum ersten Mal belagert, doch der kaiserliche General Gallas schickte Entsatz, worauf die Schweden abzogen.

Die zweite schwedische Belagerung Brünns dauerte vom 3. Mai bis zum 15. August 1645. Brünns Bürger wehrten das mehr als zwanzigfach stärkere schwedische Hauptheer erfolgreich ab. Den Schweden war dadurch der Weg nach Wien versperrt. Kaiser Ferdinand III. verlieh Brünn zum Dank wichtige Privilegien und das Reichsstadtwappen, die Stadt wurde alleinige Hauptstadt Mährens.

Fast so alt wie die Siedlung selbst ist ihre Festung Spielberg, die unter den Habsburgern zum berüchtigten Staatsgefängnis wurde. Nahe der mährischen Hauptstadt liegt auch Austerlitz, wo Napoleon 1805 einen seiner großen Siege gegen die Verbündeten Österreich und Russland errang. Brünns Kultur war legendär, das „Brünner Deutsch" galt als das wohlklingendste des deutschen Sprachraums.

Traurige Berühmtheit erlangte Brünn im Zweiten Weltkrieg durch die Deportation von mehr als 9000 jüdischen Bürgern in Konzentrationslager durch die Nazis und die Ermordung von mehr als 5000 Zivilisten 1945 beim „Brünner Todesmarsch“, der Vertreibung von 27.000 deutschen Einwohnern.

„Die Milizionäre waren zu uns grob, die schrien die Menschen an, und diese waren sehr unglücklich, wir warteten ab, was mit ihnen geschehen würde und wohin sie eigentlich gehen würden. Niemand sprach ein Wort, alle hatten Angst, nach Androhung von Schlägen mit Stock oder Gewehrkolben gingen sie weiter. Es waren auch junge Mütter mit Kindern im Kinderwagen dabei, Greise, Frauen und Kranke – sie klagten, sie könnten nicht weitergehen, doch sie mussten – niemanden ließ man in der Wohnung. Die Menschen weinten vor Kälte und Hunger, die Beine waren einzige Blutblasen. Sie hatten Durst (am Tag war es sehr warm gewesen), aber es war kein Wasser vorhanden. Manche fielen aus Müdigkeit um, manche blieben ganz einfach liegen und gingen nicht weiter. Mütter begruben ihre kleinen Kinder im Straßengraben. Auch meine 20 Monate alte Tochter war schon dem Tode nahe.“

So erinnert sich eine Tschechin, die als Frau eines Deutschen aus Brünn mitvertrieben wurde, in der Publikation „Zeugen der verschwiegenen Vergangenheit“, herausgegeben 1995 von der Landesversammlung der Deutschen in Böhmen, Mähren und Schlesien in Prag.

2007 gedachten 20 junge Tschechen in berührender Art

und Weise dieser Vorgänge: Sie stellten den „Brünner Todesmarsch“ nach. Die Aktion war auf Initiative der tschechischen Schriftstellerin Kateřina Tučková zustande gekommen.

Das Abmarschieren der Strecke sei viel schwieriger gewesen, als man erwartet habe, sagte sie. Nur sechs der 20 Teilnehmer kamen am Zielort Pohrlitz (Pohořelice) an. Die sudetendeutsche Landsmannschaft in Österreich begrüßte die Aktion als „Beitrag zur Aufarbeitung eines dunklen Kapitels der tschechischen Vergangenheit“. Brünn hatte schon 2001 als erste tschechische Stadt ihr Bedauern über die Vertreibung zum Ausdruck gebracht.

Grüße aus dem Osten

Als Papst Benedikt XVI. 2009 Brünn einen Besuch abstattete, wurden dem Oberhaupt der römisch-katholischen Kirche bemerkenswerte Geschenke aus der ostkirchlichen Tradition des Landes überreicht.

Es handelt sich um ein „großmährisches“ Silberkreuz, eine Wenzel-Skulptur, einen goldenen Messkelch und eine Patene. Das Silberkreuz ist eine Nachbildung der ältesten Christusdarstellung im Gebiet der Westslawen. Das Original wurde im Zuge der Ausgrabungen in Mikultschitz (Mikulčice) an der March gefunden.

Mikulčice war zur Zeit des Großmährischen Reiches ein Fürstensitz. Davon zeugen unter anderem die Fundamente einer dreischiffigen Basilika aus dem 9. Jahrhundert. Es wird angenommen, dass die beiden Slawenapostel Kyrill und Method – von Johannes Paul II. zu Patronen Europas erhoben – in Mikulčice wirkten.

Der Bischof von Brünn, Vojtěch Cikrle, erinnerte vor diesem Hintergrund an das ostkirchliche Erbe Mährens. Er selbst trägt eine Kopie des Mikulčice-Kreuzes als Brustkreuz. Der Papst erhält eine Silberkopie, die in eine als Buch gestaltete Schatulle gelegt ist. Der Buchdeckel zeigt den Grundriss der dreischiffigen Basilika von Mikulčice.

Vom Präfekten der Region Jihomoravske Kraje, Michal Hasek, erhielt Benedikt XVI. eine 85 Zentimeter hohe Holzskulptur des böhmisch-mährischen Landespatrons Wenzel überreicht. Das moderne Kunstwerk stammt vom Brünner Bildhauer Jiri Netik.

Kelch und Patene wiederum sind ein Geschenk der Stadt Brünn und stammen aus der Werkstatt von Jaromir Gargulak. Der Kelchstiel ist aus Goldgeflecht gefertigt und symbolisiert nicht nur die Dornenkrone, sondern auch das Martyrium der Kirche in der Tschechoslowakei von 1948 bis 1989.

EGER

2003 spielt in Eger (Cheb) eine wahrhaft hochkarätige Musik:

Anlässlich des 100. Geburtstags des weltberühmten Pianisten Rudolf Serkin (1903–1991) wurde an dessen Geburtshaus nicht nur eine von einem privaten Sponsor aus Wien finanzierte Gedenktafel enthüllt, es fand auch ein Festival statt, an dem unter anderem der Serkin-Schüler Paul Gulda und der Geiger Jehi Bahk mitwirken. Trotzdem stiehlt Sir Rudolf bis heute ein anderer die Show, wenn die Rede auf den Ort in Böhmen kommt …

Wallensteins Ende

Eger verdankt seine Weltgeltung vor allem dem historischen Moment, als dort am 25. Februar 1634 der kaiserliche Generalissimus Albrecht von Wallenstein ermordet wurde. Der wichtigste kaiserliche Feldherr im Dreißigjährigen Krieg und Herzog von Friedland hatte eigenmächtig Friedensverhandlungen mit der protestantischen Seite aufgenommen und war wegen seiner Geheimdiplomatie in Hochverratsverdacht geraten. Die Gefahr für sein Leben erkennend, zog er sich nach Eger zurück, wurde dort aber von kaiserlichen Offizieren aufgespürt und mit einer Lanze aufgespießt.

Und das war so gekommen:
Albrecht Eusebius Wenzel von Valdštejn (Wallenstein) aus protestantischem, böhmischem Adelsgeschlecht wurde am 24. September 1583 in Hermanitz (Heřmanice) in Nordböhmen (bei Jaroměř nordöstlich von Königgrätz) geboren. Nach kurzen Studien und einer Kavalierstour nach Oberitalien stand er ab 1604 in militärischen Diensten der Habsburger, für die er in Ungarn und gegen Venedig kämpfte. Seinen Aufstieg sicherte er 1606 mit seinem Übertritt zum Katholizismus. 1609 heiratete er die Witwe Lukretia von Vickov, die ihm nach ihrem Tod 1614 reiche Grundherrschaften in Mähren hinterließ.

Nach Ausbruch des Dreißigjährigen Krieges erwarb er sich die Gunst von Kaiser Ferdinand II. durch Aufstellung von Truppen mit eigenen Mitteln. Nach der Niederlage der protestantischen Stände Böhmens und Mährens kaufte er als Gubernator des Königreichs Böhmen 1622 mit den auch durch Münzverschlechterungen gewonnenen Reichtümern 58 Herrschaften der vertriebenen Empörer, die vom Kaiser 1624 zum Fürstentum Friedland (Frýdlant) erhoben wurden.

Vorausschauend schuf Wallenstein auf seinen Gütern die Versorgungsbasis für seine künftigen Heere. Ab 1623 mit Isabella Katharina von Harrach verheiratet, wurde er Generaloberst-Feldhauptmann eines Heeres von 40.000 Mann, das er mithilfe des Prager Finanzmanns Hans de Witte und seines neuartigen Kreditsystems geschaffen hatte. Ein hartes Kontributionssystem sicherte Besoldung und Unterhalt der Armee.

Er schrieb eine militärische Erfolgsgeschichte: 1626 schlug Wallenstein Ernst II. von Mansfeld bei Dessau und verfolgte ihn bis nach Ungarn. 1627 vertrieb er Christian IV. von Dänemark vom Festland. 1628 durcheilte er das Herzogtum Mecklenburg, das ihm der Kaiser nach Ächtung der dortigen Fürsten verlieh, ebenso das schlesische Fürstentum Sagan. Lediglich die Stadt Stralsund vermochte ihm zu trotzen.

Der Kaiser ernannte ihn auch zum „General des ozeanischen und baltischen Meeres“, wandte sich aber gegen Wallensteins Pläne zur Errichtung einer absoluten Monarchie im Reich bei Wahrung religiöser Toleranz. Da er den Reichsfürsten zu mächtig wurde, erzwangen diese auf dem Reichstag von Regensburg 1630 seine Absetzung.

Gekränkt und überzeugt von der Notwendigkeit eines schnellen Friedens verhandelte Wallenstein ab 1630 mit dem Schwedenkönig Gustav II. Adolf, übernahm jedoch 1631 den unbeschränkten Oberbefehl über die kaiserlichen Truppen, die er gegen die Schweden werben sollte. 1632 manövrierte er Gustav Adolf durch seine Stellungstaktik aus Süddeutschland hinaus und stellte sich am 16. November des Jahres den Schweden in der Schlacht von Lützen. Diese endete praktisch unentschieden, die Schweden verloren ihren König, während Wallenstein seine Truppen in Ordnung zurückziehen konnte. Nunmehr verfolgte Wallenstein seine eigene Politik. Zögernde Kriegsführung und geheime Verhandlungen mit Schweden, Brandenburg und Sachsen erregten den Verdacht des Wiener Hofes, der im Jänner 1634 Wallenstein ohne dessen Wissen erneut absetzte. An seine Stelle traten die Feldherren Ottavio Piccolomini, Matthias Gallas und Johann von Aldringen.

Schweden und Franzosen wurden misstrauisch, als sich Wallenstein ihnen nun anschließen wollte. Ein kaiserliches Patent vom 22. Februar 1634 bezichtigte ihn des Hochverrats und befahl, ihn tot oder lebendig zu fangen. Daraufhin fiel die Armee von ihm ab. Mit wenigen Getreuen war er auf der Flucht zu Bernhard von Weimar, dem Führer der Protestanten nach dem Schlachtentod Gustav Adolfs, als er am 25. Februar 1634 in Eger von Hauptmann Deveroux ermordet wurde, womit der kaiserliche Befehl vollstreckt wurde. Zuvor hatten seine Vertrauten Terzky, Kinsky und Ilow und der Sekretär Neumann in der Burg Eger das gleiche Schicksal erlitten.

Spurensuche: Das Palais Valdštejn und Wallensteins Sterbehaus

Ein bekannter Wallfahrtsort im Isergebirge bei Frydlant ist Hajnice mit seiner barocken Kirche aus der ersten Hälfte des 18. Jahrhunderts (1995 restauriert). In einer Seitenkapelle ist Wallensteins Feldaltar, ein Werk der Kölner Schule aus dem Ende des 15. Jahrhunderts, in einen neuen Altar eingebaut. Die dargestellten heiligen Katharina und Margarita galten damals als Patroninnen der Soldaten.

Das restaurierte, in einem gepflegten Park gelegene Schloss von Mnichovo Hradiště (Münchengrätz) gilt als Wallenstein-Schloss schlechthin. Der Feldherr hatte es 1620 erworben, es blieb im Besitz seiner Familie bis zur Über-

nahme durch den tschechischen Staat im 20. Jahrhundert. 1833 wurde hier mit einem Treffen der Monarchen der Heiligen Allianz (Österreich, Russland, Preußen) europäische Geschichte geschrieben. Das Schloss verfügt über ein kleines Theater, eine große Porzellansammlung und erlesene Kunstsammlungen der Familie Valdštejn.

In der Kapelle der heiligen Anna im Park ist der Leichnam Wallensteins beigesetzt, allerdings ohne Kopf. Es heißt, ein Bauer aus dem ursprünglichen Begräbnisort Valdice habe ihn mitgenommen, nach anderen Berichten soll es ein schwedischer Offizier gewesen sein (das Herzogtum Friedland war in den letzten Jahren des Dreißigjährigen Krieges von schwedischen Truppen besetzt). In der Kapelle befindet sich auch ein Lapidarium mit verschiedenen barocken Figuren aus Kirchen und Schlössern der Umgebung.

In Prag steht am Fuß des Hradschin das Valdštejn-Palais, eines der ersten frühbarocken Gebäude nördlich der Alpen. Wallenstein hatte es 1623 bis 1630 nach seinen Wünschen durch italienische Baumeister errichten lassen. Bis zur Beschlagnahme aufgrund der Beneš-Dekrete im Jahr 1945 war es im Besitz der Familie Valdštejn, heute hat in dem Gebäude mit seinen mit Tapeten, barocken Fresken und schöne Lustern geschmückten prächtigen Räumen der tschechische Senat seinen Sitz. Die Gartenanlage war im 18. Jahrhundert barockisiert worden. In ihr stehen Kopien von Skulpturen von Adriaen de Vries, die in den 20er-Jahren des 20. Jahrhunderts nach den Originalen, die 1648 von den Schweden entführt worden waren und nun im Garten von Schloss Drottningholm stehen, nachgebildet worden sind.

Eine Reise auf den Spuren Wallensteins muss natürlich in Eger enden, in der aus dem 12. Jahrhundert, der Zeit der Stauferkaiser, stammenden Burg, deren Reste gut restauriert sind, und im Pachelbel-Haus (benannt nach einem früheren Bürgermeister der Stadt), wo Wallenstein im ersten Stock krank darniederlag und nach einem Fluchtversuch erstochen wurde.

Das Gebäude zählt trotz späterer Umbauarbeiten zu den besterhaltenen gotischen Häusern Egers, der untere Teil des hervorragend restaurierten Marktplatzes beherbergt ein reichhaltiges Museum mit regionaler Forschungsstätte und Dokumentation der Geschichte der Stadt. Kostbarkeiten des Museums sind Prachtsättel und Reitschuhe Wallensteins, sein ausgestopftes Pferd aus der Schlacht von Lützen, eine Reihe von Porträts und im zweiten Stock die Wallenstein'sche Bildergalerie. Das Mordzimmer im ersten Stock hat man nach Beschreibungen so eingerichtet, wie es am 25. Februar 1634 ausgesehen haben dürfte.

Lange Zeit gehörte auch Franzensbad, wo sich halb Österreich auf Kur erholte, verwaltungstechnisch zu Eger. Heutzutage sind die Vergnügungen im Landkreis bisweilen weniger nobel. Aus der grenznahen Stadt, die ob ihrer vorgeschobenen Lage gen Westen im Kalten Krieg gerne für die Treffen von Heimatvertriebenen genutzt wurde, ist mittlerweile eine eher sündige Meile geworden. Eine besorgniserregende Entwicklung …

Sündige Meile

Böhmen ist offenbar eine Destination des Kindersextourismus geworden. Nachdem die Kontrollen in vielen asiatischen Ländern – traditionsgemäß Ziele von Kinderschändern – verschärft wurden, ziehen die ärmeren Länder Osteuropas immer mehr Pädophile an. „Die Tschechische Republik ist wegen der enormen Menge an pädophilem Material bekannt, das dort produziert und im Internet angeboten wird", sagt Marco Scarpati, Präsident der Kinderrechtsorganisation ECPAT in Italien.

An den tschechischen Autobahnen sei das Phänomen der Kinderprostitution besonders verbreitet: Von der deutschen Grenze bis Joachimsthal (Jáchymov) über Eger (Cheb) und Karlsbad (Karlovy Vary), an den Raststätten der Autobahnen E48 und E49, werden Kinder jeden Alters angeboten. „Das haben uns sogar Lkw-Fahrer gemeldet", sagt Scarpati nach Angaben der italienischen Tageszeitung „Corriere della Sera". Die Kunden seien Deutsche, Österreicher und Italiener, denen Mütter und Zuhälter die Kinder für einen Preis zwischen fünf und 25 Euro anbieten.

Ein UNICEF-Bericht über die umfangreiche Kinderprostitution an der deutsch-böhmischen Grenze ist in Tschechien jedoch auf Ablehnung gestoßen. Die Behörden hätten die Organisation „Karo“, auf deren Angaben die Studie basiere, in den vergangenen Jahren mehrfach um konkrete Informationen gebeten, sie jedoch nie erhalten, meint man bei der Sondereinheit gegen Organisierte Kriminalität in Prag. Das UNO-Kinderhilfswerk UNICEF weist die Kritik zurück. Die UNICEF prangert weiterhin die wachsende Kinderprostitution an der deutsch-tschechischen Grenze an. Zuhälter reichten deutschen Sextouristen inzwischen schon Säuglinge und Kleinkinder in die Autos …

SÜDSLAWISCHE METROPOLEN

Den Balkan als Schicksalsregion Österreichs oder Habsburgs zu bezeichnen, mag pathetisch oder gar billig klingen, hat aber natürlich spätestens seit den Schüssen von Sarajewo 1914 eine gewisse Berechtigung. Schon vorher machten aber militärisch-strategische und kulturelle Herausforderungen den Österreichern in Südosteuropa zu schaffen. Nicht umsonst sagte der preußisch-deutsche Staatsmann Otto von Bismarck in Anspielung auf die habsburgische militärische Präsenz seit der Schaffung der Militärgrenze im 16. Jahrhundert, es sei ihm vollkommen gleichgültig, ob dort deutsch oder slawisch gesprochen werde – wichtig sei, dass die k. u. k. Armee im Südosten erhalten bliebe.

ZAGREB

Mein Blick wandert über den Ban-Jelačić-Platz und kommt kaum zur Ruhe. Denn überall sind angenehme Menschen. Ja, die Frauen von Zagreb (Agram) sind weithin die schönsten Kroatiens, lacht der Kameramann und nippt an seinem Kaffee. Wir sitzen an diesem Sommernachmittag in den 90er-Jahren in einem Gastgarten mitten auf dem zentralen Platz der Hauptstadt Kroatiens. Der kroatische

Kameramann erzählt von seinen Erlebnissen, die er während des jüngsten Kriegs hatte, den guten Geschäften mit ausländischen Journalisten, den Amerikanern, die mit ihm quer durch alle Fronten ziehen wollten, um gute Bilder zu bekommen, oder dem japanischen TV-Team, bei dem auch in kärglichster Karstlandschaft immer zumindest ein verhutzelter Dornenstrauch ins Bild gehalten werden musste, weil ein TV-Bericht für die Augen der Japaner nicht einmal von einem Kriegsschauplatz ohne Pflanze auskommen konnte … Schließlich bleibt der Blick doch auf einem Punkt haften. Einem Reiterstandbild.

Jelačićs Säbel und Belgrads Bomben

Joseph Graf Jelačić von Bužim (1801–1859) war jener kroatische Banus oder Vizekönig, der mithalf, die Wiener Oktoberrevolution 1848 niederzuschlagen, und vor allem auch unter den ungarischen Revolutionären wütete. Auf dem nach ihm benannten Platz steht seine große Reiterstatue, die von Fernkorn stammt und 1866 eingeweiht wurde.

Demonstrativ zeigte der Säbel des Feldherren gegen Budapest! Die Kommunisten montierten das antirevolutionäre Denkmal 1947 ab. Im Jahr 1990 wurde es vom unabhängigen Kroatien wieder an seinem ursprünglichen Platz aufgestellt, und der Platz erhielt seinen alten Namen zurück. Allerdings wurde die Richtung der Statue geändert; der Säbel des Feldherren zeigt nun weg von den alten Gegnern nach Süden – gen Serbien.

Das heutige Zagreb ist aus den beiden mittelalterlichen

Siedlungen Gradec und der Klerikerstadt Kaptol hervorgegangen. Gradec wurde 1242 zur freien Königstadt ernannt. Sie hielt den Angriffen der Osmanen vom 14. bis ins 18. Jahrhundert als Grenzfestung stand. Im 17. und 18. Jahrhundert wurde die Stadt im Barockstil erneuert, die alten Holzhäuser wurden entfernt und wichen prunkvollen Palästen und Sakralbauten. 1632 kam eine Universität dazu. Die Stadt breitete sich langsam weiter südlich auf dem weiten Flachland außerhalb der mittelalterlichen Festungsgrenzen aus. Seit 1557 gilt der Ort als Hauptstadt Kroatiens.

1850 wurden Gradec, Kaptol und die umliegenden Siedlungen zur Stadt Zagreb vereinigt. Im 19. Jahrhundert verzehnfachte sich die Einwohnerzahl von 7.500 auf 80.000 Einwohner.

Zwischen dem Ersten und Zweiten Weltkrieg erweiterte sich die Stadt, und nach dem Zweiten Weltkrieg und dem Ende der faschistischen Ustascha-Diktatur begannen dann die Stadthäuser, ohne auf den Fluss Sava Rücksicht zu nehmen, den Platz der Wiesen und Felder in der großen südlichen Ebene einzunehmen. Zagreb wurde niemals von Grund auf zerstört, ist also in seiner gewachsenen Substanz auf weiten Strecken erhalten geblieben.

Auch hier gab es einen „Frühling“, den „Kroatischen Frühling“. Der Widerstand gegen Belgrad und die Kommunisten in den Jahren 1970/71 wurde ebenso wie andere ähnliche in den einschlägigen Diktaturen niedergeworfen.

Auf die Unabhängigkeitserklärung Kroatiens vom 25. Juni 1991 folgte der Angriff der Jugoslawischen Bundesarmee. Im Mai 1995 schlugen Streubomben in der Innenstadt ein. Sie kosteten sieben Menschen das Leben, 214 weitere wurden verletzt.

Krawatten und Franzosen

Dass die Krawatte von Kroaten erfunden wurde, ist hinlänglich bekannt. Doch wie erlangte sie ihren Weltruhm? Diese Frage beantwortet ein vom Wiener Unternehmer und Hobbyforscher Stefan Benczak 2012 herausgegebenes und von Stefan Vospernik in der APA besprochenes Buch mit dem Titel „Kroatien EU-Mitglied 28. Historisches Tabellarium über ein altes Mitglied der europäischen Familie". Der Band wartet darüber hinaus mit weiteren überraschenden Einsichten zur wechselvollen Geschichte auf.

Die Antwort auf die Krawattenfrage ist vergleichsweise banal. Das Accessoire trat seinen Siegeszug in die Kleiderschränke dieser Welt nämlich – wie könnte es anders sein – in der Modehauptstadt Paris an. Der damalige französische König Ludwig XIV. fand in der zweiten Hälfte des 17. Jahrhunderts Gefallen an dem traditionellen Kleidungsstück, das kroatische Soldaten ins Land gebracht hatten.

Infolge der französischen Einsätze gegen die Türken hatte sich in der französischen Armee ein „Régiment Royal Cravate" gebildet. „Die kroatischen Soldaten trugen seit ewigen Zeiten dieses Stück Textil um den Hals, für das die Franzosen keinen eigenen Namen hatten und das sie nach ihren Trägern benannten", schreibt Benczak.

Doch es war dies nicht der einzige Anknüpfungspunkt zwischen Kroatien und Frankreich. So hatten die Kroaten immer wieder französische Herrscher, etwa das Haus Anjou im 14. Jahrhundert oder Napoleon Bonaparte zu Beginn des 19. Jahrhunderts.

Wenig bekannt ist auch, dass kroatische Soldaten im Zweiten Weltkrieg die erste Stadt des besetzten Frankreichs eroberten. Es handelte sich um Wehrmachts-Angehörige, die am 17. September 1943 in Villefranche-de-Rouergue gegen die deutschen Kommandanten meuterten. Freilich war die Stadt nur „einen Tag lang" befreit. Es handelte sich aber laut Benczak um den „ersten offenen Widerstand innerhalb der Wehrmacht im 2. Weltkrieg".

In dem Buch des „überzeugten Europäers" erfährt man schließlich auch, dass der weltberühmte Entdecker Marco Polo von der dalmatinischen Insel Korčula stammt („Die Polos gibt es noch, sie sprechen kroatisch") und dass ausgerechnet der Nationalheld der katholischen Kroaten, Ban Joseph Jelačić, vom serbisch-orthodoxen Patriarchen in sein Amt als kroatischer Fürst eingeführt wurde – „weil der katholische Bischof verhindert war".

Tauwetter – oder doch nicht?

Der serbisch-orthodoxe Patriarch Irinej reiste 2012 zusammen mit dem Heiligen Synod seiner Kirche zu seinem ersten Besuch nach Zagreb. Den Anlass für den dreitägigen

Kroatien-Aufenthalt der serbischen Kirchenspitze lieferte die Eröffnung eines neuen Gebäudes des serbisch-orthodoxen Gymnasiums in Zagreb. Auf dem Besuchsprogramm standen auch die Begegnungen des Patriarchen und der serbisch-orthodoxen Kirchenführung mit dem kroatischen Primas Kardinal Josip Bozanić und dem Ständigen Rat der kroatischen Bischofskonferenz sowie Staatschef Ivo Josipović und Premier Zoran Milanović.

Nach den Worten des orthodoxen Metropoliten in Zagreb, Jovan, sollte der Besuch des Patriarchen nach dem Krieg der 1990er-Jahre die Beziehungen zwischen der serbisch-orthodoxen und der katholischen Kirche in Kroatien vom toten Punkt bewegen. Die Bedeutung, die die serbische Kirche dem Besuch beimaß, war auch daran zu erkennen, dass zum ersten Mal in der Geschichte der ganze Kirchensynod zu einem Treffen mit dem Ständigen Rat der kroatischen Bischofskonferenz nach Zagreb reiste. 1990 hatten 600.000 Orthodoxe in Kroatien gelebt, heute ist es etwa ein Fünftel.

Der faschistische Ustascha-Marionettenstaat von Ante Pavelić hatte im Zweiten Weltkrieg eine „kroatisch-orthodoxe" Pseudo-Kirche geschaffen. Als „Patriarchen" setzte der Diktator einen russischen Mönch ein, während die orthodoxe Bevölkerung großteils ermordet oder durch Massentaufen zum Katholizismus zwangskonvertiert wurde. Der „Poglavnik" (Führer) von Hitlers und Mussolinis Gnaden ließ fürchterliche Gräueltaten begehen. Sein „Unabhängiger Staat Kroatien" (Nezavisna Država Hrvatska/NDH) wurde vom katholischen Klerus unter Kardinal

Alojzije Stepinac aktiv unterstützt. Laut „Encyclopedia Britannica" wurden „die Massaker an den Serben in Kroatien in ihrer Grausamkeit nur von der Massenvernichtung der polnischen Juden übertroffen".

Doch das Tauwetter ist nicht vollkommen …

Ebenfalls 2012 sorgte eine Aussage des kroatischen Historikers Stjepan Razum zum Konzentrationslager Jasenovac der faschistischen Ustascha-Milizen in Kroatien während des Zweiten Weltkrieges in Belgrad für Empörung. Razum, katholischer Priester und Leiter des erzbischöflichen Archivs, hatte in einem Gespräch mit der Tageszeitung „Hrvatski list" die Morde an Serben, Roma und Juden in Jasenovac bestritten. Dies sei nur ein serbischer Mythos, sagte der Priester. Als Jasenovac-Opfer würden auch Personen geführt, die in Serbien ums Leben gekommen seien. Auch sei Jasenovac keine Neuigkeit in der Praxis der Kriegsführung gewesen, so der Historiker.

Die serbische Botschaft in Zagreb wandte sich umgehend an das kroatische Außenministerium … Und so wird es wohl noch länger hin- und hergehen, denn Anlässe liefern beide Seiten zuhauf …

SARAJEVO

5. April 1992, Bürgerkrieg im zerfallenden Jugoslawien. Serbische Heckenschützen haben auf moslemische und kroatische Demonstranten geschossen, es gibt die ersten Todesopfer. Die serbisch geführte jugoslawische Bundesarmee belagert die bosnische Hauptstadt, fast vier Jahre lang. Es ist die längste Belagerung im 20. Jahrhundert. Mitten drin – Zlata Filipović, zu Beginn des Kriegs elf Jahre alt. In ihr Tagebuch schreibt sie: „Es ist der Tag, an dem die Zeit stillstand."

Ein Mädchen aus Sarajevo

Filipović erinnert sich im Interview 2013: *„Es ist ein abrupter Einschnitt, der das Leben in zwei Hälften teilt: vor und*

nach dem Krieg. Und alles, wirklich alles kann darauf zurückgeführt werden, sogar dass ich heute hier mit Ihnen spreche: da gibt es einen Grund, und dieser Grund ist der 5. April 1992, als alles begonnen hat. Die Vergangenheit bekommt da eine besondere Bedeutung, die Erinnerung daran, wie es vorher war, ehe es so schrecklich und traurig wurde. Wenn ich mich heute mit Freunden aus England, Irland oder den USA unterhalte, die diese Erfahrungen nicht hatten, dann merke ich: Sie können sich gar nicht mehr richtig daran erinnern, ob sie bei bestimmten Ereignissen acht oder elf waren. Für mich dagegen ist es sehr wohl entscheidend: Ich erinnere mich noch ganz genau, ob ich acht oder neun oder zehn war. Ich war elfeinhalb, als der Krieg begann – das weiß ich genau! Mehr als jedes glückliche europäische Kind. Also die Zukunft ist ungewiss, als Optimistin hoffe ich, dass sie gut wird, aber die Vergangenheit wird besonders wichtig als Bezugspunkt zu einer Zeit, da du vorher auch existiert hast, ehe du irgendwie alles verloren hast.“

Die Stadt wird mit einer internationalen Luftbrücke versorgt. Trotzdem wird alles knapp, Strom, Wasser, Nahrung. Zlata hat eine Leidenschaft, die ihr zur Zuflucht wird: die Musik.

„Zunächst, als alles begann, wusste ich nicht ein noch aus, habe nur geweint, wenn ich eine Explosion hörte –

sowas hatte ich ja nie zuvor gehört. Doch dann, mit der Zeit … ach, es ist erstaunlich, wie gut wir Menschen uns an nahezu alles gewöhnen können. Und wenn du akzeptierst, dass der Krieg die einzige Realität ist, die du hast. Ich erinnere mich an die ersten drei Monate des Krieges. Da kamen dann so Gedanken auf: Ich spiele gern Klavier, das ist das eine. Das andere: Rund um mich werden die Leute umgebracht oder verlieren Gliedmaßen. Wenn schon, dann würde ich lieber meine Beine als meine Arme verlieren, dann könnte ich wenigstens weiter Klavier spielen.

Das ist eben ein elf Jahre altes Hirn, das sich durch eine neue Realität navigiert. Ich habe auch – obwohl ich nicht religiös bin – ständig gebetet, dass meinen Eltern nichts passiert. Ich dachte: Ok, wenn ich sterbe, ist das nicht so schlimm, aber bitte nicht meine Eltern! Es ist auch ein eigen Ding, dass man dann mit der Zeit auf einmal die Namen von Schusswaffen kennt und die Kriegsgeräusche rundherum deuten kann. Es ist die einzige Realität, die ich habe.“

Ihre Jugend, so meint Zlata Filipović, hat ihr sogar dabei genützt, mit all dem fertig zu werden. Vielleicht, meint sie, hat sie es mit der Unschuld einer Elfjährigen geschafft, sich anzupassen, was einer Vierzehnjährigen schwerer gefallen wäre.

Zlata Filipović lebt heute als Schriftstellerin in Irland. Ihr Tagebuch „Ich bin ein Mädchen aus Sarajevo“ wurde nicht nur zum internationalen Beststeller, es ermöglichte auch ihr und ihrer Familie 1995 die Flucht nach Paris.

1914 – Das Jahr, in dem das 20. Jahrhundert begann

Unter diesem Titel hat die Radiojournalistin Tanja Malle in der Öl-Sendung „Diagonal“ die bosnische Hauptstadt trefflich so porträtiert, wie sie ihren Moment der Weltgeltung hatte.

„Ein General, der mangelnde Sicherheitsvorkehrungen trifft, ein Chauffeur, der die falsche Strecke wählt, ein stockender Rückwärtsgang. Eine Kette von Ereignissen, an deren Ende mehrere Schüsse stehen, läutet am Vormittag des 28. Juni 1914 in Sarajevo eine neue Weltordnung ein. Mit der Ermordung des österreichischen Erzherzogs Franz Ferdinand und seiner Gattin Sophie beginnt in Bosnien das 20. Jahrhundert so, wie es in den 1990er-Jahren mit den Balkan-Kriegen endet: blutig. Knapp hundert Jahre nach dem Tod jenes Mannes, der für eine damals als nicht standesgemäß erachtete Ehe auf die Thronfolge verzichtete, finden sich in der bosnisch-herzegowinischen Hauptstadt bei genauerem Hinsehen und Nachfragen noch zahlreiche Spuren und Relikte aus der k. u. k. Periode.

Darüber hinaus vermitteln Bildpostkarten und Reiseberichte ein besonders prägnantes Bild aus den vier Jahrzehnten, in denen österreichisch-ungarische Beamte und Militärs jenes Gebiet entdeckten, verwalteten und beherrschten, das heute als Brücke zwischen Orient und Okzident gilt.

„Die beabsichtigte Wahrung des orientalischen Charakters zeigt sich vor allem in der neuen Architektur der Landeshauptstadt. Am Ufer der Miljacka erhebt sich imposant das neue Rathaus, hoch oben, weithin sichtbar, die Scheriat-

schule. Die beiden Gebäude vereinen morgenländischen Baustil mit westeuropäischer Brauchbarkeit.“
(Alexander von Spaits, „Die Annexionsländer Bosnien und die Herzegowina“, Wien 1916)

Die vergangenen Jahrhunderte haben das Stadtbild von Sarajevo gewebt. 400 Jahre lang lag es an der Peripherie des Osmanischen Reiches, 40 Jahre lang an jener Österreich-Ungarns. Zum architektonischen Erbe gehören zahlreiche repräsentative Bauten wie das Rathaus, das Offizierskasino und das Nationaltheater, erzählt Vera Katz. Sie kennt die Geschichte Sarajevos wie keine zweite Person und wählt als Treffpunkt die katholische Kathedrale:

„Das hier ist ein sehr typischer Platz. Die Kirche wurde 1882 errichtet, keine vier Jahre nach der Machtübernahme der Österreicher. Gleich daneben, auf der linken Seite befinden sich das katholische Priesterseminar, Volksschule und Mittelschule. Die Österreicher sind bis heute dafür bekannt, unzählige Kirchen und Schulen errichtet zu haben.“

Während der 40-jährigen Herrschaft der Österreicher stieg die Bevölkerung Sarajevos von 21.000 auf 51.000 Personen. Den überwiegenden Großteil des Zuwachses bildeten katholische Migrantinnen und Migranten aus den übrigen Teilen der Donaumonarchie.

Lebten 1897 lediglich 700 Katholiken in Sarajevo, waren es 1910 bereits knapp 18.000. Die Zahl der zu diesem Zeitpunkt in Sarajevo lebenden Muslime war nur um einige Hundert Personen höher:

„Die Zahl der Katholiken ist in wenigen Jahrzehnten drastisch angestiegen. Die meisten von ihnen kamen aus Slowenien und Kroatien, die Industrialisierung zog sie an. Wie auch viele Tschechen, Slowaken und Polen. Die meisten sind auch nach dem Ende des Ersten Weltkriegs in Bosnien und in der Herzegowina geblieben. Selbst die Volkszählung aus dem Jahr 1981, es war die letzte vor den Balkan-Kriegen, listet mehr als 20 verschiedene Minderheiten beziehungsweise Volksgruppen auf."

Vera Katz forscht und lehrt an der Universität Sarajevo und führt durch jenen Stadtteil, den die k. u. k. Architekten am stärksten geprägt haben. Zufällig kommt einer ihrer ehemaligen Professoren vorbei – Dževad Juzbašić gilt als graue Eminenz der bosnisch-herzegowinischen Geschichtswissenschaft. Er beginnt sofort zu schimpfen. Und zwar über zwei wissenschaftliche Konferenzen – beide werden im Juni veranstaltet. Hundert Jahre, nachdem der bosnische Serbe Gavrilo Princip Franz Ferdinand und Sophie erschossen hat.

Für eine der beiden Konferenzen, die größere, ist Vera Katz gemeinsam mit Kollegen aus Deutschland, Österreich, Ungarn und Russland verantwortlich. Serbische Wissenschaftler sind allerdings nicht dabei, sie veranstalten eine eigene Tagung.

Juzbašić: „Eine gemeinsame Konferenz, auf der Experten die unterschiedlichen Sichtweisen auf den Ersten Weltkrieg diskutieren, wäre viel besser gewesen."

Katz: „Das hat sich einfach nicht machen lassen, aber immerhin: Es kommen Teilnehmer aus acht Ländern."

Juzbašić: „Ja, aber nur aus den Verlierer-Ländern, aus all jenen, die Territorium abtreten mussten. Das ist schon sehr einseitig. Erklären Sie mir, warum sollten wir heute in Sarajevo die Konstellationen des Ersten Weltkriegs weiterführen?“

Katz: „In unseren Köpfen ist der Erste Weltkrieg beendet. Aber das gilt nicht für alle. Wir haben die Serben eingeladen, teilzunehmen.“

Juzbašić: „Ich bin dafür, dass wir uns nach dem Beispiel der Deutschen und Franzosen endlich versöhnen.“

Katz: „Das hat dort doch auch 50 Jahre gedauert, bei uns ist der letzte Krieg gegen die Serben erst 18 Jahre her.“

Tito und Franz Joseph

Das letzte Wort will keiner haben, die Stadtführung wird fortgesetzt. Es geht zur Wirtschaftsfakultät – das Gebäude wirkt äußerlich wie ein typischer sozialistischer Plattenbau mit engen Räumen und niedrigen Geschoßen.

In dem Gebäude war einst das orthodoxe Priesterseminar untergebracht. Die hohen Hallen sind erhalten geblieben, bekamen aber unter dem jugoslawischen Staatschef Tito einige Jahre nach dem Zweiten Weltkrieg eine neue, „sozialistische“ Fassade verpasst.

Unter Tito wurde nicht nur die Religion aus dem öffentlichen Raum verbannt, sondern auch das Erbe der Habsburger. Ornamente, Stuckaturen und Statuetten von Gebäude-Zeilen, die nach dem Vorbild der Wiener Ringstraße errichtet worden waren, wurden einfach von den Fassaden abgeklopft. Die Gebäudepläne haben allerdings den Ersten und den Zweiten Weltkrieg sowie den Bosnienkrieg überlebt. Sie dienen heute als Vorlage für die Restaurierung der k. u. k. Bauten.

Als die Truppen der k. u. k. Armee 1878 in Bosnien einmarschierten, gingen sie in den ersten Monaten drastisch gegen widerständische Gruppen vor, die Situation beruhigte sich aber allmählich etwas. Zwar hatten die Österreicher großes Interesse an den natürlichen Ressourcen des Landes, doch um diese abzuschöpfen, brachten das fremde Militär und die Verwaltungsbeamten auch Eisenbahn und Tramway, Elektrizität und Wasserleitungen. Sie gründeten florierende Industriebetriebe, Museen und wissenschaftliche Forschungseinrichtungen. Und hinterließen auch Kurioses: Regeln für Fußgängerzonen etwa.

Hundert Jahre später erinnert man sich an die Herrschaft der Österreich-Ungarn in Bosnien und Herzegowina überwiegend positiv, analysiert der Historiker Edin Radušić.

„Wenn ich in aller Kürze den Studierenden erklären will, wie Österreich-Ungarn wahrgenommen wurde, erzähle ich ihnen einen aktuellen Witz. Ein alter Mann wird im Sozialismus gefragt, wer der beste Herrscher gewesen ist: Kaiser Franz Joseph, König Alexander, der nach dem Ersten Weltkrieg regierte, oder Tito. Natürlich erwarten alle, dass der alte Mann sagt, Tito sei der Beste gewesen. Aber nein, er behauptet, Franz Joseph sei es gewesen. Alle fragen ungläubig: Warum? Der Alte antwortet: Wenn er gesagt hat, er werde dich auszeichnen, hat er dich ausgezeichnet, wenn es

hieß, er werde einen töten, hielt er auch das ein. Dieser Witz verdeutlicht, wie sehr der österreichisch-ungarische Rechtsstaat geschätzt worden ist."

Nicht nur Witze und Anekdoten, auch der Wortschatz Sarajevos erinnert an die k. u. k. Zeit. Davon zeugen einige deutsche Lehnbegriffe: „Markale" zum Beispiel für Markthalle und „Špored" für Sparherd.

Im Ausstellungsraum des kleinen Museums am Ufer der Miljacka, das an das Attentat auf Franz Ferdinand und Sophie erinnert und keine 25 Quadratmeter groß ist, drängen sich Touristen aus Japan und Australien um historische Aufnahmen, offizielle Dokumente, zwei Wachsfiguren und eine Pistole. Genau vor der Eingangstür waren einst die Fußabdrücke von Gavrilo Princip in den Gehsteig eingelassen. Von hier aus feuerte der damals 19-Jährige die tödlichen Schüsse auf Franz Ferdinand und Sophie ab, schildert Vera Katz.

„*Bis in die 1990er-Jahre galt Gavrilo Princip als Nationalheld. Schüler und Studenten lernten, dass er für die jugoslawische Idee gekämpft hätte, für ein gemeinsames Land der Serben, Kroaten und Slowenen. Nach dem Bosnienkrieg teilte sich aber die Erinnerung. Etwas vereinfacht dargestellt ist Princip heute für die nationalistischen bosnischen Serben ein Held, der ihre Interessen vertreten hat. Für die muslimische und kroatische Bevölkerung unseres Landes ist er aber ein Terrorist beziehungsweise Attentäter.*"

Die Fußabdrücke von Gavrilo Princip haben sich in den 1990er-Jahren mit den Balkankriegen aus dem Stadtbild davongemacht. Ebenfalls verschwunden – wenn auch schon nach dem Ersten Weltkrieg – ist ein Denkmal mit den Gesichtern von Franz Ferdinand und Sophie, das 1917 schräg gegenüber des Museumseingangs aufgestellt wurde. Im Herbst des vergangenen Jahres (2013) hieß es, die Stadtverwaltung würde überlegen, es wieder zu errichten – doch diese bestreitet das mittlerweile. Vielleicht weil das Thema heftige Debatten entfacht hat. Warum, so lautete der Grundtenor der Kritiker, sollte man an die einstigen Besatzer erinnern?

Vera Katz erzählt, dass sich ein Teil des Denkmals im Besitz der Sarajevoer Stadtregierung befindet, ein Teil in Privatbesitz ist und ein weiterer Teil von der Bosnischen Teilrepublik Srpska aufbewahrt wird – und diese empfände es als „antiserbisch“, an Franz Ferdinand und Sophie zu erinnern.

„Ich kann nicht abschätzen, wie diese Diskussion enden wird. Aber ich finde, man könnte es aufstellen. Man sollte endlich damit aufhören, dass jene, die neu an die Macht gelangen, stets die Denkmäler abreißen, die an die Vorgängergenerationen erinnern.“

Sarajevo – türkischer Friedhof

„... kahl und nackt stehen die Steinpfeiler, die sich schief, krumm oder ganz eingesunken an beiden Schmalseiten der Gräber befinden. Jeder Stein zeigt an, welchem Stande der Verstorbene gehörte.“
(Heinrich Renner: „Durch Bosnien und die Herzegowina kreuz und quer“, Berlin 1896)

Am Friedhof über dem alten osmanischen Stadtteil Sarajevos – der Baščaršija – stehen um die hundert Personen an einem Grab. Man gedenkt Alija Izetbegović, der Todestag des ersten Präsidenten des eigenständigen Bosnien-Herzegowina jährt sich an diesem Tag zum zehnten Mal. Kurz vor seinem Tod rief Alija Izetbegović einmal mehr zur Versöhnung zwischen den Ethnien auf. Doch davon scheint Bosnien-Herzegowina weiter entfernt als vor hundert Jahren.

Die Zusammenarbeit zwischen muslimischen Bosniaken, kroatischen Katholiken und orthodoxen Serben in politischen Gremien funktionierte in der k. u. k. Zeit besser als heute. Die österreichische Verwaltung bemühte sich, die Bildung aller Bevölkerungsgruppen zu erhöhen, die Analphabetenrate wurde – in Sarajevo drastisch, am Land zumindest leicht – gesenkt. Heute gibt es in Bosnien-Herzegowina ethnisch getrennten Unterricht. Serbische, kroatische und bosniakische Kinder wachsen mit völlig unterschiedlichen Geschichtsbildern auf, beklagt der streitfreudige Historiker und Kenner der Geschichte Österreich-Ungarns Dževad Juzbašić.

„Die Situation, in der sich Bosnien-Herzegowina heute befindet, ist katastrophal. Das ist eine direkte Folge des Krieges, der vor 18 Jahren beendet wurde. Der Preis dafür war die Teilung des Landes nach ethnischem Proporz. Diese

blockiert seine politische und wirtschaftliche Entwicklung. Schauen Sie sich um: Die Mittelschicht ist verschwunden, die Armut riesig. Nur einige wenige sind furchtbar reich geworden. Dennoch stehen nicht soziale Fragen, sondern ethnischer Nationalismus auf der Agenda der Parteien."

Bosnien und Herzegowina hundert Jahre nach dem tödlichen Attentat auf Franz Ferdinand und Sophie: Das ehemalige Bahnhofsgebäude zerfällt, und doch wohnen darin Menschen, die sich trotz Arbeitsplatz keine bessere Unterkunft leisten können. Die Museen entlang der Miljacka, die von Österreich-Ungarn gebaut wurden, sind seit 16 Monaten geschlossen – der Staat kann sich den Betrieb nicht leisten.

Nicht einmal Tee trinken kann man in Ruhe, erzählt der einzige Tee-Sommelier des Balkans, der sonst so humorvolle Adnan Smajić in einem nachdenklichen Moment. Er hat seinen Teeladen „Franz und Sophie" genannt – weil er die Liebesgeschichte der beiden mochte. Und hat deshalb manchmal mit Anfeindungen nationalistischer Serben zu kämpfen, die damit drohen, gegenüber ein Café zu eröffnen und es nach Gavrilo Princip zu benennen.

DER FERNE UND DOCH SO NAHE OSTEN

1772, 1793 und 1795 teilten die Großmächte Preußen, Russland und Österreich Polen gleich dreimal unter sich auf – nicht zuletzt, um mögliche Streitigkeiten untereinander zu entspannen. Habsburg fasste die ihm zugefallenen Teile der vorwiegend von polnischer, rumänischer und ruthenischer, also ukrainischer Bevölkerung und einer starken jüdischen Minderheit bewohnten Gebiete im Kronland Galizien zusammen, das dann nach dem „Ausgleich" mit Ungarn zum cisleithanischen, also dem österreichischen Reichsteil gehörte. Und da war dann noch die Bukowina, das „Buchenland", das (formell ab 1849 als eigenes Kronland) den äußersten Osten des Reichs markierte. Trotz der großen Entfernung vom „Mutterland", und vielleicht gerade wegen ihrer ethnischen Durchmischung, wurden sie zu sehr österreichischen Ländern.

CZERNOWITZ

Lachend liegt der alte Mann auf seinem Bett, schüttelt sein Haupt und wundert sich über sein Geschick. Jetzt, da er hier sich darniederlegt, scheint es ihm wie ein Traum, dass ihm, dem alten jüdischen Sozialisten, sein Jahrgangskollege (1912) Otto von Habsburg, Sohn des letzten Kaisers von Österreich Karl I., im Juni 2007 einen Besuch abgestattet hat. Josef Burg (1912–2009) ist der letzte Dichter gewesen, der in Czernowitz in jiddischer Sprache geschrieben hat. Jetzt, wenig später im Sommer 2007, da ich ihn gemeinsam mit dem Czernowitz-Forscher Raimund Lang besuche, lässt Burg sein bewegtes Leben noch einmal Revue passieren. Geboren im Wiznitz/Bukowina als Sohn eines Flößers kommt er 1924 zum ersten Mal in die Metropole Czernowitz.

Kultur am Pruth

Die gehört gerade einmal zu Rumänien, es leben dort allerdings mehr Deutsche, Juden und Ukrainer, dazu noch ein paar Ungarn, Huzulen (Bergrussinen), Roma und Armenier. 1774 hatten die Österreicher das früher zum Fürstentum Moldau gehörige Städtchen am Fluss Pruth erstmals betreten und bald zur wirtschaftlichen und kulturellen Hochstrecke gebracht. Das Geheimnis dabei: Keine Nationalität, keine Religion oder Konfession, ob römisch-katholisch, jüdisch, orthodox oder griechisch-katholisch, hatte eine absolute Bevölkerungsmehrheit, keine konnte die anderen unterdrücken. Nicht einmal an der 1875 gegründeten Universität, der Francisco-Josephina, gab es nennenswerte nationale Prügeleien so wie etwa in Prag. Kunst und Kultur gediehen prächtig, Dichter wie Paul Celan, Rose Ausländer, Sänger wie Joseph Schmidt (der aus Dawideny stammte und seine Karriere als Synagogensänger in Czernowitz begann) entstammten dem polyglotten Czernowitzer Milieu – und eben auch Josef Burg.

Er begegnet schon in ganz jungen Jahren den Dichtern Itzik Manger und Elieser Steinbarg, dem er seine ersten jiddischen Gedichte vorlegt. Steinbarg ermuntert den jungen Mann. Burg studiert von 1934–1938 Germanistik in Wien, flieht dann vor den Nazis nach Prag, erhält kein Visum nach England und kehrt nach Czernowitz zurück. Inzwischen sind zwei Bücher von ihm erschienen. Doch mit der Schriftstellerei ist es für viele Jahre vorbei. Anfangs vom Einmarsch der Roten Armee 1940 begeistert und nach der Flucht vor der Deutschen Wehrmacht 1941 in die Wolgarepublik, nüchtert der idealistische Sozialist Josef Burg als Bergbauarbeiter im Ural und Lehrer in Iwanowo bei Moskau während zwanzig harten Jahren im sowjetischen Russland politisch merkbar aus. 1959 kehrt er endgültig als Lehrer nach Czernowitz zurück, das mittlerweile in die grenznahe militärische Bannmeile der Sowjetunion gehört und in den Steinzeitkommunismus verfallen ist. Aber immerhin lassen die Realsozialisten die alten Gebäude stehen, wenn sie sie auch oft zweckentfremden.

Alte Substanz

In ihrem Essay „Das leben gejt waiter " hat die österreichische Journalistin und langjährige Osteuropakorrespondentin des ORF Joana Radzyner eine Spurensuche betrieben, die sie in der „Illustrierten Neuen Welt" vom Dezember 2010/Jänner 2011 veröffentlicht hat. Sie findet bei einer Literaturtagung das Kino „Cernivtsi", das eigentlich zu einem ganz anderen Zweck erbaut worden ist: *„Die Kinokasse hat längst geschlossen, und es regnet. Aber immer größere Menschentrauben lösen sich aus der Dunkelheit der umliegenden Straßen, um die Verwandlung des ‚Czernivtsi' in die prunkvolle Synagoge zu erleben, die sich in k. u. k. Zeiten eine selbstbewusste jüdische Gemeinde errichten ließ. Weder*

den Hitlerdeutschen noch den sowjetischen Eroberern ist es zwischen 1939 und 1945 gelungen, dieses Gotteshaus zu sprengen. Die ukrainischen Kommunisten gingen pragmatischer vor. Die Fenster wurden zugemauert, die Kuppel abmontiert und das Gebäude zum Kino umfunktioniert. Mehr als fünf Jahrzehnte später kehrt die Vergangenheit für einen kurzen, magischen Augenblick wieder zurück: als Videoprojektion tauchen hinter der dunklen Fassade des Kinos immer schärfer die Umrisse der alten Synagoge auf.

Max Schickler hat den ‚Templ' auch von innen gekannt. Er ist einundneunzig und zählt sich zu den letzten ‚echten Czernowitzern' im ukrainischen Cernivtsi. Der Vater, k. u. k. Unteroffizier im Ersten Weltkrieg, gehörte schon dem assimilierten jüdischen Bürgertum an: ‚Daheim wurde nur Deutsch gesprochen, auch nach dem Zusammenbruch der Monarchie unter den Rumänen. Jiddisch sprachen die armen, ungebildeten Juden in der Vorstadt.'

Erst der Zweite Weltkrieg, fährt Schickler in perfektem Deutsch fort, habe die altösterreichische Welt zerstört, in der auf kleinstem Raum neben Rumänisch und Deutsch auch Ruthenisch, Polnisch, Armenisch und Jiddisch gesprochen wurde und für alle Glaubensbekenntnisse Platz war.

Im Jahr 1938 wurde Max infolge erstarkender faschistischer Tendenzen im rumänischen Königreich nicht mehr zum Hochschulstudium zugelassen, wenig später wurde den Juden die rumänische Staatsbürgerschaft aberkannt. Nach Rumäniens Kriegseintritt an der Seite Hitlerdeutschlands 1941 setzten Pogrome, Massenexekutionen und Deportatio-

nen nach Transnistrien ein. Schickler blieb die Erfahrung rumänischer Arbeitslager und nazideutscher Konzentrationslager erspart. Er war mit der Roten Armee nach Osten gezogen und überdauerte den Krieg als Übersetzer für deutsche Kriegsgefangene. Nach dem Krieg nahm er wieder seine alte Arbeit in einer Czernowitzer Strumpffabrik auf, aber ‚nichts war mehr so wie früher'. Die meisten Überlebenden der Shoah wanderten aus – viele in die Vereinigten Staaten oder nach Israel, aber auch nach Frankreich wie der junge Dichter Paul Celan, den die Dämonen der Erinnerung an die Gräuel des Krieges im Jahr 1970 in den Selbstmord trieben.

Die Juden, die ihre alte Heimat nicht rechtzeitig verlassen hatten, wurden in der kommunistischen Ukraine abermals zu Opfern – diesmal eines staatlich verordneten Antisemitismus.

Der im Vorjahr verstorbene jiddische Schriftsteller Josef Burg, der im Krieg nach Uzbekistan geflohen war und seit 1959 wieder in Czernowitz lebte, musste weitere 40 Jahre auf die Veröffentlichung seines Erzählbandes ‚Dos leben geit waiter' warten.

Igor Pomerantsev, der geistige Vater des Poesiefestivals ‚Meridian', erinnert sich noch gut an diese Zeit. Sein Vater, ein russischer Militärjournalist, war Anfang der 1950er-Jahre nach Czernowitz versetzt worden und arbeitete hier bei einer Tageszeitung. ‚Ein Privileg, das mein jüdischer Vater nur seiner kommunistischen Gesinnung verdankte.' Während den Vater das antisemitische Klima in seinem Umfeld peinigte, war Czernowitz für Igor ein kleines Israel, wie er in seinem Essay ‚Czernowitz. Erinnerungen eines Ertrunkenen‘ beschreibt. Freilich hätten in dieser ‚jüdischen Stadt im sowjetischen Imperium‘ zu dieser Zeit nicht mehr die auffallend elegant, aber altmodisch gekleideten, gebildeten österreichischen Juden den Ton angegeben. Das Straßenbild prägten vielmehr aus Bessarabien zugewanderte jüdische Messerstecher, Nutten, Schwarzwechsler und Wunderknaben‘.“

Ende der 60er-Jahre wanderten auch die meisten Juden nach Israel aus.

Mittlerweile haben allerdings viele erkannt, dass die jüdische Vergangenheit der Stadt für viele Besucher aus aller Welt Anziehungskraft hat, stellt Joana Radzyner fest – obwohl der ukrainische Nationalismus nach der „Orangen Revolution“ auch antisemitische Züge trägt:

„Vielen Jugendlichen war die jüngste Geschichte von Czernowitz als Folge jahrzehntelanger sowjetischer Indoktrination nur rudimentär bekannt. Dazu kommt, dass die meisten Zeitzeugen tot, vertrieben oder vor Angst verstummt waren. Aber dank engagierter ukrainischer und ausländischer Historiker sowie unermüdlicher Übersetzer werden

unter der Voraussetzung stabiler demokratischer Verhältnisse in der Ukraine mit der Zeit immer mehr Schichten der Vergangenheit freiliegen. Die oberste Schicht liegt buchstäblich auf der Straße: Die Kanaldeckel aus der alten Kaiserzeit mit der Aufschrift: ‚Stadtmagistrat Czernowitz' sind nicht zu übersehen."

Inzwischen sind die „stabilen demokratischen Verhältnisse" in der Ukraine auch wieder mehr als zweifelhaft geworden.

Josef Burg blinzelt mit seinen erblindeten Augen. „Und dann kam der Otto und hat mich besucht. Wenn mir *das* vor sechzig, siebzig Jahren jemand gesagt hätte: ein Erzherzog bei Josef Burg!" Er lächelt, aber die Erinnerungen haben ihn müde gemacht. Wir lassen ihn schlafen.

LEMBERG

„Gib mir die Peitsche."
Ich blickte im Zimmer umher.
„Nein", rief sie, „bleib nur knien!" Sie schritt zum Kamine, nahm die Peitsche vom Sims und ließ sie, mich mit einem Lächeln betrachtend, durch die Luft pfeifen, dann schürzte

sie den Ärmel ihrer Pelzjacke langsam auf. „Wunderbares Weib!“, rief ich.
„Schweig, Sklave!“, sie blickte plötzlich finster, ja wild und hieb mich mit der Peitsche; im nächsten Augenblicke schlang sie jedoch den Arm zärtlich um meinen Nacken und bückte sich mitleidig zu mir.
„Habe ich dir weh getan“, fragte sie halb verschämt, halb ängstlich.
„Nein!“, entgegnete ich, „und wenn es wäre, mir sind Schmerzen, die du mir bereitest, ein Genuß. Peitsche mich nur, wenn es dir ein Vergnügen macht.“
„Aber es macht mir kein Vergnügen.“
Wieder ergriff mich jene seltsame Trunkenheit.
„Peitsche mich“, bat ich, „peitsche mich ohne Erbarmen.“
Wanda schwang die Peitsche und traf mich zweimal. „Hast du jetzt genug?“
„Nein.“

Der Autor dieser Zeilen („Venus im Pelz“) ist nicht nur Namensgeber des Phänomens Masochismus, sondern zweifellos auch ein Mann, der etwas von Frauen verstand – auf seine Weise. Und er stammte aus Lemberg/Lwow/Lwiw!

Nicht nur der berühmte Schriftsteller Leopold von Sacher-Masoch bezeichnete die Einwohnerinnen seiner Heimatstadt als „Pariserinnen des Ostens“. Den Charme städtischer Eleganz schätzten viele, aber vor allem war das österreichische Lemberg nach den Teilungen Polens zwischen Russland, Preußen und Österreich trotz aller Nationalitätenkämpfe die großartigste Stätte der Entfaltung für polnische und ruthenische Intellektuelle, Künstler und Politiker. Vor den großen Katastrophen des 20. Jahrhunderts fand hier das Judentum ebenso zu kultureller Blüte wie das griechisch-katholische und das armenische Christentum.

Ost und West zugleich

Lemberg schnöde als Österreichs „fernen Osten" zu bezeichnen, käme einer austrozentristischen Verengung gleich. Es ist heute das Zentrum der Westukraine, irgendwie westlich, mit habsburgischem Touch. Immerhin die kyrillischen Aufschriften verraten einem, dass man doch nicht in Graz gelandet ist. Und wenn, dann wäre es mit seinem Kopfsteinpflaster ein altes Graz. Durch die Stadt kommt man auch mit nicht immer ganz taufrischen Sammeltaxis, den „Marschrutki".

Jüngeren Datums sind hingegen die Plattenbauten des „neuen Lemberg", wo die meisten der 800.000 Einwohner heute leben. Doch bleiben wir beim Alten: Am zentralen Platz, dem „Prospekt Svobody", kurz „Prospekt" genannt, steht ein wichtiges Gebäude buchstäblich auf dem unter die Erde verlegten Fluss Poltwa: die Oper, ein Jahrhundertwendebau, der stark an die Budapester Oper und vor allem an die Wiener Staatsoper erinnert!

Die imperiale Architektur war angebracht, denn Lemberg wuchs als Hauptstadt des Königreichs Galizien und Lodomerien zur viertgrößten Stadt der Monarchie empor.

Zum ersten Mal wurde Lemberg 1256 in der Galizien-Wolhynien-Chronik erwähnt. Die Legende erzählt, dass Danylo Romanowytsch, der Fürst des galizisch-wolhynischen Fürstentums, einen Berg auswählte, um eine Burg für seinen Sohn Lew (Löwe) zu errichten. Seinem Sohn zu Ehren benannte der Fürst die Stadt Lwiw, was soviel wie „die von Lew“ bedeutet. Bis heute finden wir Abbildungen des Löwen sowohl auf dem Stadtwappen als auch auf zahlreichen Skulpturen und anderen Kunstwerken der Stadt.

Der Berg, den sich Fürst Danylo im 13. Jahrhundert für seine Stadt auswählte, heißt heute Wyssokyj Samok (Hoher Schlossberg) und ist der höchste Gipfel über Lemberg – ein guter Schutz gegen mögliche Eroberer.

Nach seiner Gründung blieb Lemberg hundert Jahre lang unberührt, bis 1340 der polnische König Kazimierz III. die Stadt eroberte und zerstörte.

Er ließ ein neues königliches Schloss auf dem Berg Zamkowa (Schlossberg) errichten, ein Symbol der unangefochtenen Macht der polnischen Krone über das mittelalterliche Lemberg, welches das Stadtrecht nach Magdeburger Vorbild erhielt. 1661 gründete König Johann II. Kasimir die Universität Lemberg – die älteste auf dem Territorium der heutigen Ukraine.

Blutbäder

In österreichischer Zeit verlief das Zusammenleben der Nationalitäten in Lemberg nicht so friktionsfrei wie in Czernowitz. Die Polen hielten gegenüber den Ukrainern und den Juden eine knappe absolute Mehrheit (im Gegensatz zum bäuerlichen Umland, das fast ukrainisch war), die meisten Beamten waren Polen, und damit war der Unterdrückung der Minderheiten Tür und Tor geöffnet.

Lemberg war die wichtigste militärische Garnison Österreichs gegen Russland. Ganze Generationen von Soldaten und Offizieren der cisleithanischen Reichshälfte taten hier im Lauf der Jahrzehnte Dienst. Brenzlig wurde es Ende August 1914, als im Ersten Weltkrieg die zaristische Armee in die Stadt eindrang und sie bis 1915 halten konnte.

Von 1918 bis 1938 gehörte die Stadt wieder zu Polen. Sie wurde zu einer traurigen Hauptstadt des gewalttätigen Antisemitismus, in dem sich die Volksgruppen gegenseitig zu übertrumpfen suchten. Er steigerte sich noch, als die Deutschen in die durch den Hitler-Stalin-Pakt der Sowjetunion zugesprochenen Stadt einrückten. Sie richteten ein Ghetto und ein Arbeitslager ein. Die meisten Lemberger Juden aber wurden im Vernichtungslager Belzec ermordet.

Zu Beginn der 30er-Jahre waren 40 Prozent der Lemberger jüdisch, 1959 waren es nur noch sechs Prozent.

Zuvor hatten die Sowjetrussen schon unzählige der Kollaboration mit den Deutschen verdächtigte Ukrainer getötet, die Deutschen dafür wiederum Tausende Polen. Als die Russen Lemberg 1944 erneut einnahmen, vertrieben sie ihrerseits die polnische Bevölkerung.

Für viele in der Deutschen Wehrmacht eingerückte und in sowjetische Gefangenschaft geratene Deutsche und Österreicher wurde dann das Lemberger Kriegsgefangenenlager ihre Zwangsunterkunft.

Angesichts der vielen Blutbäder des 20. Jahrhunderts kommt die Frage auf, welcher Lemberger, welche Nationalität das alles überlebt haben kann.

Heimatfront

Impressionen des deutschen Journalisten Benedikt von Imhoff, gesammelt in Lemberg in den bewegten Januartagen des Jahres 2014. In ihrer Eindringlichkeit sollen sie so stehen bleiben, wie er sie über die DPA veröffentlicht hat.

Säckeweise stapeln sich Medikamente, warme Kleidung sowie Essenskonserven in einer Ecke der Peter-und-Paul-Kirche. „Das ist der Nachschub für die Front", erzählt Natalia. Die 23-Jährige ist die Chefin des Lagers. Und „Front" nennen die Regierungsgegner hier im westukrainischen Lwiw, dem einstigen Lemberg, die etwa 500 Kilometer entfernte Hauptstadt Kiew.

In Kiew stehen Tausende Demonstranten den Spezialein-

heiten des Innenministeriums unerbittlich gegenüber. Ein Großteil der besonders Radikalen stammt aus der Westukraine, wo die EU ganz nah ist.

Täglich brechen Dutzende, wenn nicht Hunderte, in Bussen als Verstärkung zum besetzten Unabhängigkeitsplatz – dem Maidan – in Kiew auf. „Es gibt wohl kaum eine Familie in Lwiw, aus der niemand auf dem Maidan demonstriert hat“, behauptet Bürgermeister Andrej Sadowy. Aus seiner Stimme klingt Stolz auf den Zusammenhalt. „Kiew ist das Herz der Ukraine – aber Lwiw ist die Seele“, betont er.

Angestellte opfern ihren Jahresurlaub, um in der Hauptstadt zu protestieren, Arbeitgeber gewähren großzügig freie Tage. Lwiw ist als „Heimatfront“ geeint im Widerstand gegen den prorussischen Präsidenten Viktor Janukowitsch, der eine historische Annäherung der Ex-Sowjetrepublik an die Europäische Union verhinderte.

„Das war wirklich ein schwerer Schlag für uns“, betont Sadowy. „Mit der Assoziierung hätte unsere Wirtschaft einen erheblichen Schub erhalten.“ In der Studentenstadt gibt es Tausende gut ausgebildete Arbeitskräfte. Die Enttäuschung über Janukowitschs Wende hin zu Russland ist gewaltig. Als Zeichen des Protests sind überall Bänder in den blau-gelben Landesfarben an Jacken und Rucksäcken zu sehen, EU-Flaggen wehen von Autos und aus Wohnungen.

„Wir sehen doch, wie gut es den Menschen in der EU geht. Das wollen wir auch“, sagt die junge Verkäuferin Oxana. Und der 54-jährige Elektriker Oleg sagt: „In der Ostukraine, wo sie nur Russisch sprechen, leben sie doch noch nach sowjetischer Zeit.“ Ganz anders in Lwiw, das mit seiner

malerischen Altstadt als Unesco-Weltkulturerbe zahlreiche Touristen aus dem Westen anzieht. Der Besucherstrom hat sich seit der Fußball-Europameisterschaft 2012 fast verdoppelt. Auch deshalb sehen sich die Bewohner als Vorreiter einer EU-Annäherung.

Stolz sind die Menschen hier zudem noch immer auf diejenigen, die während des Zweiten Weltkriegs für die ukrainische Unabhängigkeit gekämpft haben und andernorts als Rechtsextreme gelten. „Wir in der Westukraine waren immer am patriotischsten, am nationalbewusstesten", erzählt Oxana. Die rot-schwarze Fahne der Nationalisten weht auch auf den Barrikaden in Kiew in vorderster Front. Rückzug kommt für sie nicht infrage, der Rücktritt von Regierungschef Mykola Asarow und die Rücknahme repressiver Gesetze reichen ihnen nicht. „Janukowitsch muss weg. Sonst hören wir nicht mit dem Widerstand auf", meint ein Maskierter von der Radikalengruppe Rechter Sektor.

Die jungen Leute halten Wache vor dem Denkmal von Nationaldichter Taras Schewtschenko, nahe der Bühne des Euromaidan, wie die Opposition ihre Bewegung nennt. Hier brennen auch Kerzen zum Gedenken an die Toten der Proteste in Kiew – vor allem das Gesicht von Juri Werbizki ist allgegenwärtig. Der Aktivist aus Lwiw wurde in Kiew von Unbekannten entführt und wohl gefoltert. Später wurde seine Leiche gefunden. Für viele in seiner Heimatstadt ist Werbizki nun ein Märtyrer. „Ruhm der Ukraine! Ruhm den Helden!", schallen die Rufe regelmäßig über den Platz am Schewtschenko-Denkmal.

In der Peter-und-Paul-Kirche herrscht indes Hochbetrieb. Immer wieder bringen Bürger, Alt und Jung, Nachschub zur Sammelstelle. „Großmütter, die kaum etwas zum Leben haben, geben ihre letzten Sachen", berichtet Organisatorin Natalia. Eine Gruppe Teenager sitzt bereit und sortiert. „Ich darf noch nicht nach Kiew, aber ich helfe hier unseren Brüdern", meint der 15-jährige Kolja. In vielen Kirchen der Stadt mit rund 740.000 Einwohnern sind solche Lager eingerichtet. „Vor allem brauchen wir noch warme Stiefel und Handschuhe. Und Masken gegen das Tränengas der Polizei", erzählt Natalia. Die „Heimatfront" Lwiw will für weitere Proteste gerüstet sein.

KRAKAU

Wer als Besucher aus Österreich nach Krakau reist und dort beim Bäcker eine „Kaizerka" bestellt, wird sich wundern – er bekommt eine echte Wiener Kaisersemmel! Und wenn er dann vor Freude „Jössas!" ausruft, wird er von den Krakauern gleich als „Kasztan" erkannt werden – als (ob der in Österreich angeblich vorherrschenden brünetten Haarfarbe) Österreicher – der sich freuen darf, aber auch staunen kann, denn die Stadt ist eine Pracht! Seit dem Mittelalter praktisch unzerstört (die letzten, die hier alles niederbrannten waren im 13. Jahrhundert die Tataren) und in ihrer alten Substanz nicht von der sowjetischen

Industrie heimgesucht (die ist in der benachbarten Arbeiterstadt Nowa Huta angesiedelt), gleicht sie einem Diorama von Kunstepochen der letzten Jahrhunderte in Originalgröße! Das kommt einer „heimlichen Hauptstadt" auch zu und das gleich mehrfach, denn Krakau war nicht nur in seiner österreichischen Zeit, mit Unterbrechungen von der dritten polnischen Teilung 1795 bis 1918, eine bedeutende militärische Festung gegen Russland, die durch die Nordbahn direkt mit Wien verbunden war, sondern auch das Zentrum kulturellen und nationalen Polentums – zeitweilig mehr als Warschau.

Der polnische Papst als Österreicher

„Habemus papam" – wieder einmal überschlugen sich die österreichischen Blätter in dem, was sie so gerne tun, wenn bei einer Oscar-Verleihung ein US-Star prämiert wird, dessen Ururgroßtante Hausmeisterin in einem Wiener Zinshaus gewesen ist, oder ein Top-Wissenschaftler, den die Nazis 1938 aus Österreich vertrieben haben, den Nobelpreis bekommt: Einer von *uns* ist es geworden. Die ganze Welt ist Österreich!

So auch jetzt, am 16. Oktober 1978, als das Konklave in Rom Karol Wojtyla zum Papst wählte. Denn Wojtyla wurde zwar erst 1920 geboren, aber immerhin als Sohn eines ehemaligen k. u. k. Unteroffiziers aus Wadowice bei Krakau.

Seit 1964 war der charismatische Mann Erzbischof von Krakau gewesen und hatte schon in dieser Funktion zur Erosion des heimischen realsozialistischen Regimes beigetragen. Nun, als Papst, knöpfte er sich den Weltkommunismus vor, und in den Augen einiger Beobachter hat er entscheidend zu dessen Fall beigetragen, was aber nur schwer messbar sein dürfte.

Umso schwerer wog die Erschütterung, als Pontifikat und Leben des schwerkranken Mannes 2005 zu Ende gingen.

Die Menschen versammelten sich in der Nacht auf den 3. April unmittelbar nach Bekanntgabe des Todes von Johannes Paul II. vor den Kirchen. Alle Kirchen waren – wie schon in der Nacht zuvor – offen, und in den meisten wurden Gottesdienste abgehalten. „Wir haben das kommen sehen, aber als die Nachricht plötzlich kam, war ich schockiert", sagte eine Rezeptionistin im Krakauer Hotel „El-Jot".

„Ich habe ihn nicht bewusst begrüßt, als er 1978 gekommen ist, jetzt will ich mich sehr bewusst von ihm verabschieden", erklärte eine 40-jährige Frau, die tags zuvor eigens aus Posen nach Krakau gekommen war. An der Marienkirche am Krakauer Markt hing eine lange weißrote polnische Fahne mit schwarzem Trauerflor. Zwei junge Männer unterhielten sich vor der Kirche über den eigenartigen Zufall, dass der Papst gerade zu diesem Zeitpunkt die Welt verlassen hatte. In **Łagiewniki**, einem Ort am Rande von Krakau, hatten nämlich die Feierlichkeiten zum Barmherzigkeitsfest begonnen. Der auf die Heilige Faustina zurückgehende Barmherzigkeitskult wurde von Johannes Paul II. besonders gefördert.

„Sollte mich jemand suchen, Franciszkanska 3", pflegte

der Papst in Krakau immer einen Witz zu machen. In der Franciszkanska-Straße 3 hingen nun zwei weiß-gelbe Fahnen mit schwarzem Streifen. Vor dem erzbischöflichen Palast, wo Johannes Paul II. gewohnt und während seiner Krakau-Besuche geweilt hat, versammelten sich Hunderte von Menschen. Nachdem die Todesnachricht aus dem Vatikan gekommen war, füllte sich der Platz mit traurigen Gesichtern.

Vor der barocken Paulus-und-Petrus-Kirche in der Nähe des königlichen Schlosses Wawel kletterte ein junger Musiker auf den Zaun, um ein Plakat mit dem Konzertprogramm für die nächsten Tage zu ändern. Auf die Frage, wo der Papst wohl begraben werde, sagte er: „Wahrscheinlich im Vatikan. Aber vielleicht sein Herz in Krakau."

Das wäre nicht der erste Fall in der polnischen Geschichte gewesen. Frédéric Chopin wurde auf dem Friedhof Père Lachaise in Paris begraben, aber er verfügte in seinem Testament, dass sein Herz nach Polen zurückkehren solle.

Polnisches Nationalbewusstsein und österreichisches Geschwätz

Krakau jedenfalls bezog sein Selbstbewusstsein als Metropole seit jeher daraus, dass es lange vor Warschau für ein halbes Jahrtausend die Hauptstadt Polens war. Zeitweilig dann auch von Napoleon ins Herzogtum Warschau eingegliedert und im 19. Jahrhundert ein sogenanntes Kondominum, also ein von Österreich, Russland und Preußen gesteuertes eigenständiges Gebilde, empfand man sich am Wawel, dem uralten zentralen Herrschaftshügel, als Hüter der polnischen Nation, ob sie nun gerade einen eigenen Staat hatte oder nicht.

1846 annektierte Österreich endgültig die Republik Krakau und verwandelte sie in ein Großherzogtum, das aber de facto ein Teil Galiziens war.

Nach 1918 wurde Krakau eines der wichtigsten Zentren des neuerstandenen Polen, bis es am 6. September 1938 von den Deutschen eingenommen wurde, die es zum Sitz des „Generalgouvernements Polen" machten. Die Nazis wüteten in Krakau besonders schlimm. Sie hielten im Ghetto 20.000 Juden als Arbeitssklaven und gingen ab 1943 an deren planmäßige Ermordung. Sie vernichteten gezielt die polnische akademische Elite und verschleppten in der „Sonderaktion Krakau" Hunderte führende Intellektuelle.

Krakau verlor im Zweiten Weltkrieg und unter deutscher Besatzung die Hälfte seiner Bevölkerung; das polnische Volk hatte im Zweiten Weltkrieg einen besonders hohen Blutzoll zu entrichten.

Allerdings kam es auch noch nach dem Kriegsende, am 11. August 1945, zum „Pogrom von Krakau", bei dem sich der polnische Antisemitismus entlud – unter stiller Duldung durch die Rote Armee.

Dann senkte sich der Eiserne Vorhang, und als er wieder hochging, konnte das Leben im Postsozialismus neu beginnen. Krakau heute zu besuchen, ist für Österreicher wie die Heimkehr in eine vertraute Umgebung – es „wienerlt" hier ein bisschen.

„Austriackie gadanie" nennen es die Krakauer, wenn sie einem durch die Blume sagen wollen, dass man sich gefälligst klarer ausdrücken möge. Das ist nämlich der Ausdruck für „österreichisches Geschwätz". Wir danken für diese treffliche Analyse des Wiener Charmes.

NACHWORT: O DU, MEIN WIEN …

Der Gast aus Bayern staunte nicht schlecht, als ihn die alte Frau als „Weaner aus München“ bezeichnete. Für die hochbetagte Dame aus dem Waldviertel, die zeitlebens nicht aus ihrem Dorf hinausgekommen, vielleicht bis Zwettl gefahren war, sind alle, die „von außen“ kommen, „Weaner“ – ob Bayern oder Mongolen.

Es ist nicht gerade Schmeichelei für Wien, die daraus spricht, denn die Stadt ist bei den Österreichern von „außerhalb“ insgesamt so beliebt wie es Hauptstädte nun einmal sind, an denen man seine Anti-Reflexe abarbeitet. Da haben sie den Wienern etwas voraus, denn denen bleibt heutzutage nur mehr Brüssel als Institution, der man ungeliebte Zustände anlasten kann.

Dabei sind Minderwertigkeitsgefühle gegenüber der Millionenstadt an der Donau ganz und gar nicht angebracht, denn wir haben ja jetzt gesehen, wie reich an Geschichte und Bedeutung die „heimlichen Hauptstädte Österreichs“ sind und waren, in welchen Ländern sie auch immer heute liegen mögen.

Wien bleibt Wien, aber Wien bleibt nicht Österreich, weil es das in vollem Umfang nie war, sondern immer nur ein Teil davon. Aber ein wichtiger und – ich gestehe es – mein wichtigster.

Deshalb trällere ich schon ganz automatisch immer dann das Wienerlied von Karl Leibinger und Theodor Wottitz, wenn ich mit meiner Lieblingsstraßenbahn, dem D-Wagen, von der Prinz-Eugen-Straße nahe meinem

Arbeitsplatz über den Schwarzenbergplatz, den Ring, die Währinger Straße hinaus zum Heurigen nach Nußdorf gondle. Sein Refrain möge als eine Art Bekenntnis am Ende unserer Wanderung stehen:

„I bin halt a Weana, i kann nix dafür, i brauch' nur um selig zu sein, zwa Fiedeln, a Klampf'n, a Maurerklavier und a Glaserl voll heurigen Wein! Da wird' i' wirrwarisch, ganz wurlert und narrisch, für so was, da bin i' a Kren. Zehn Schillig für d' Schrammeln und morg'n fre'n ma Grammeln, das kann nur a Weana versteh'n.“

Verlagsbüro W. GmbH
www.metroverlag.at

Printed in the EU
ISBN 978-3-99300-174-2